新时代党建小丛书

红色经典这样读

庞慧敏 主 编
常媛媛 副主编
孙 悦 编 著

山西出版传媒集团 山西教育出版社

图书在版编目（CIP）数据

红色经典这样读 / 庞慧敏主编. — 太原 : 山西教育出版社，2022.7（2023.12 重印）
（新时代党建小丛书）
ISBN 978-7-5703-2620-4

Ⅰ. ①红… Ⅱ. ①庞… Ⅲ. ①中国共产党—党的建设—学习参考资料 Ⅳ. ①D26

中国版本图书馆 CIP 数据核字（2022）第 108306 号

红色经典这样读
HONGSE JINGDIAN ZHEYANG DU

责任编辑 崔 璨
复　　审 刘晓露
终　　审 郭志强
装帧设计 宋 蓓
印装监制 蔡 洁

出版发行 山西出版传媒集团 · 山西教育出版社
（太原市水西门街馒头巷 7 号　电话：0351-4729801　邮编：030002）
印　　装 山西新华印业有限公司
开　　本 850 mm×1168 mm　1/32
印　　张 8
字　　数 124 千字
版　　次 2022 年 7 月第 1 版　2023 年 12 月山西第 2 次印刷
书　　号 ISBN 978-7-5703-2620-4
定　　价 29.00 元

目录

绪论

读红色经典 赓续红色血脉

习近平总书记在党的十九大报告中指出，没有高度文化自信，没有文化的繁荣兴盛，就没有中华民族伟大复兴。要坚持中国特色社会主义文化发展道路，激发全民族文化创新创造活力，建设社会主义文化强国。党的十九届六中全会通过的《中共中央关于党的百年奋斗重大成就和历史经验的决议》中要求：“赓续党的红色血脉，弘扬党的优良传统。”红色经典根植于红色文化，是从革命历史时期传承凝练的优秀文化作品，是无数文学爱好者扎根中国特色社会主义伟大实践、坚持以马克思主义为指导所创作的一大批优秀作品，承载着党的故事、根据地的故事、英雄和烈士的故事，彰显了党的政治信仰、初心使命和红色精神。

近年来，越来越多的优秀红色题材作品被改编成电影、电视剧，搬上了大荧幕、大舞台，收获了观众的一致好评。在中国共产党成立100周年之际，各大出版社纷纷重印、再印红色经典文学。作家出版社推出了《红色经典初版本影印文库》，精选了《白毛女》

《谁是最可爱的人》等六十部兼具时代性、文学性与历史感的红色经典文学，以独特的视角致敬党的百年历史。人民文学出版社推出“建党百年百篇文学短经典”系列，精选反映建党百年光辉历程的优秀中、短篇小说与散文纪实作品100篇，按发表时间分为《开天辟地新航船》《崛起东方新中国》《劈波斩浪新征程》《走进辉煌新时代》四卷，其中既有经过时间考验、读者广为传颂的红色经典，也有以饱满热情书写改革开放、反映党的十八大以来各项事业取得历史性成就的新篇。认识传承红色基因的重大意义和时代价值是我们每个人的使命，守好红色根脉，挺起精神脊梁，让红色基因在新时代绽放新的光芒更是刻不容缓。

第一节 红色经典的内涵

对于“红色经典”的内涵，不同学者根据特定的标准提出了不同的界定。在创作时间层面上，有的学者认为真正的红色经典所限定的时间区间应该是“十七年时期”（1949—1966），即“文化大革命”前十七年的社会主义革命和社会主义建设时期所创作的以“三红一创、保林青山”为代表的文学作品，包括《红旗谱》《红日》《红岩》《创业史》《暴风骤雨》《太阳照在桑干河上》《青春之歌》《铁道游击队》《山乡巨变》《林海雪原》《苦菜花》《三家巷》《清江壮歌》《欧阳海之歌》等。还有不同观点认为，可以把时间线拉远一点，红色经典应该指1942年毛泽东发表《在延安文艺座谈会上的讲话》以后，涌现出的以革命历史为题材的、具有恒久生命力的优秀文艺作品。《在延安文艺座谈会上的讲话》提出了“文艺为工农兵服务，文艺为大众服务，文艺为无产阶级政治服务”的创作方向。在讲话精神的指导下，抗战文艺、解放区文艺和工农兵文艺成为“红色经典”的主要内容。在更广的层面上，红色经典是指从1921年中国共产党成立至1976年“文化大革命”结束期间创作的革命历史题材小说。20世纪90年代以后，对红色经典的改编逐渐热门，内容和形式逐渐多样化。近些年，有学者将“红色经典”的内涵进一步拓展，认为新时期的红色经典应该是自中国共产党成立，经过几代人不断努力、奉献、创作的结晶。陈尔雅、沙鸥在《百年“红色经典”文学、影视作品梳理考察及述评》中提出：“这种‘红色经典’文艺作品就或深或浅地打上了某个时代的烙印，其作品在认识结构、知识水平、世界观、价值观等方面形成了一定的系统模式，在特定的历史时期普遍影响了一代又一代人。这种影响不仅没有随着时间的推移而被人们所遗忘，也没有因为靠近政治以及社会舆论的变迁而过时，却以经典的方式触及、思考和表达了对革命先烈以及对党和祖国的热爱，展示出鲜明的时代精神，同时又具有不同于其他国家的文化品格，渗透着独特的中国人民的民族性格。”从这个层面上理解，新时期定义的红色经典，在时间跨度上从过去延伸到现在，既包括革命和建设时期创作的文学作品，也包括之后基于这些作品进行改编的文艺作品。

在内容层面上，对红色经典也有多种不同的阐释。有的学者认为红色经典应该是描写革命历史题材和革命战争与斗争的现实主义文学作品。例如，曾庆瑞指出红色经典“是以中国共产党领导下的全国人民的国内革命战争和民族解放战争为题材的文学艺术作品”。进入新时期，在创作范式、价值取向、美学风格保持一致的状态下，能够反映中国共产党领导下的社会运动和“工农兵”生活的文艺作品也可以被称之为“红色经典”。对于红色经典的承载形式，不同的学者有不同的理解。有的学者认为应该局限于革命历史题材的文学小说，也有学者认为应该扩展到包括“文化大革命”时期的样板戏，还有学者认为概念应该更加宽泛，可以包括戏曲、电影、舞蹈、歌曲等多样的载体。

总体上看，从狭义上理解，红色经典指的是“文化大革命”前十七年的社会主义革命和社会主义建设时期所创作的一些文学作品；从广义上理解，红色经典则指自中国共产党成立以来创作的一系列以革命历史和社会主义建设为题材的优秀文艺作品，其形式包括图书、电视剧、舞蹈、音乐、绘画等，以经典的叙事话语表达了对革命先烈的崇拜及对党和国家的热爱。在本书中，红色经典主要采用广义的内涵，不局限于文学作品，同时也包括不同历史时期下基于红色经典文学作品的改编，内容广泛，形式多样。

第二节 红色经典的效用

一、书写历史故事

习近平总书记强调："要讲好党的故事、革命的故事、根据地的故事、英雄和烈士的故事，加强革命传统教育、爱国主义教育、青少年思想道德教育，把红色基因传承好，确保红色江山永不变色。"红色经典大部分是优秀的革命历史题材的文学小说，其中一些红色经典的作者更是以真实历史事件的亲历者身份来撰写小说，因此，他们所撰写的文章能够较为客观地再现革命时期、社会主义建设时期、改革开放时期的重大历史故事、重要基地场馆故事及主要英雄烈士的故事。

1949年7月，中华全国文学艺术工作者代表大会（以下简称"文代会"）在北平召开。在第一次文代会上，周扬充满激情地呼吁作家："假如说，在全国战争正在剧烈进行的时候，有资格记录这个伟大战争场面的作者，今天也许还在火线上战斗，他还顾不上写，那么，现在正是时候了，全中国人民迫切地希望看到描写这个战争的第一部、第二部以至许多部伟大作品！它们将要不但写出指战员的勇敢，而且还要写出他们的智慧、他们的战术思想，要写出毛主席的军事思想如何在人民军队中贯彻，这将成为中国人民解放斗争历史的最有价值的艺术的记载。”在这一倡议下，20世纪50年代诞生了一大批描写革命战争，通过讲述战争故事来记录革命历史和中共党史的优秀红色经典。

《保卫延安》是当代文学史上第一部大规模正面描写解放战争的优秀长篇小说，全面描绘了从1947年3月到7月的延安保卫战，生动展现了解放军在延安保卫战中从战略相持转向战略反攻的历史阶段，塑造了周大勇连长、王大虎等典型的英雄人物，是一部描写我国人民解放战争的有力作品，被誉为“英雄史诗”。作者杜鹏程亲身参与了保卫延安战争的全过程。1947年，杜鹏程加入西北野战军第二纵队独立第四旅第十团二营六连，成为一名随军记者。他与战士们同吃同住，和他们长期生活在一起，渐渐熟悉了战士们的身世、性格以及战斗表现，并同战士们产生了深厚的革命友谊，这些朝夕相处的战士和指挥员构成了后来《保卫延安》中众多英雄的原型。历史上的延安保卫战战况极其激烈。1947年，国民党将领胡宗南率领精锐部队二十多万，在数十架飞机的配合下，声称要在三天之内攻取延安。而由彭德怀率领的西北野战军仅有几万人，在人数、装备都处于劣势的情况下，与国民党部队展开了保卫延安、保卫党中央的殊死搏斗。两年多艰苦卓绝的解放战争和无数英雄无畏牺牲的事迹带给杜鹏程巨大的冲击，正是这段宝贵的经历使他创作的《保卫延安》得以在文学价值的基础上，更蕴含着厚重的历史感与真实感。

类似的还有刘知侠创作的《铁道游击队》。为了内容的真实性和记录历史，刘知侠先后两次冲破日军封锁，深入游击队伍中，与游击队队员一起战斗生活。他与战士们深入交谈，采访记录他们的英雄事迹，走遍了铁路两侧游击队曾经战斗过的地方。第二次采访结束后，刘知侠更加深刻地认识到把铁道游击队的故事讲好不仅是他个人的愿望，更是义不容辞的责任。《铁道游击队》虽然是一部文学小说，但是书中讲述的战斗故事都是真实发生的。像这样记录真实革命历史和战斗的红色经典还有很多，它们不仅仅是一部单纯的文学巨著或者歌舞话剧作品，更是对真实历史的记载，是对党的故事、革命的故事、根据地的故事、英雄和烈士的故事的客观书写。阅读红色经典，我们能够通过作者的笔触，再次回到那些年代，穿越时空与革命先辈们对话，深刻感受中国历史的发展历程。

二、彰显信仰精神

了解历史，才能看得远；永葆初心，才能走得长。红色经典承载的不只是厚重的历史，还孕育了一种经过时间淬炼的精神力量。红色经典大多取材于真实的革命斗争与英雄人物，描绘了在战火纷飞的年代，中国共产党人在坚定的马克思主义信仰指导之下，带领人民群众走向解放、不断获取一个又一个胜利的故事。这样极具革命浪漫主义的故事时至当下都依然深受人民群众的喜爱，这与故事中所提供的强大精神力量密不可分。这些红色经典蕴含了对马克思主义理想信念的坚守、为人民服务的初心使命，以及在不同时期孕育的中国共产党人的精神谱系，是追求真理的视死如归，是为人民谋幸福的大公无私，是面对挫折的不屈不挠，在当今依然闪耀着思想的光芒。

马克思主义是迄今为止最科学、最严密、最有生命力的理论体系。列宁指出："马克思学说具有无限力量，就是因为它正确。"《关于新形势下党内政治生活的若干准则》中强调，全党同志必须把对马克思主义的信仰、对社会主义和共产主义的信念作为毕生追求，在改造客观世界的同时不断改造主观世界，解决好世界观、人生观、价值观这个“总开关”问题。马克思主义是指导我们事业的理论基础，也是每一个共产党人坚不可摧的精神支柱。共产党员不仅要在组织上入党，而且要在思想上入党，其中很重要的一条就是要牢固确立马克思主义信仰，真正成为马克思主义的坚定信仰者和忠实实践者。《青春之歌》中的女学生林道静历经挫折磨难，在斗争中逐渐从一名知识分子成长为坚定的无产阶级战士，从抛弃传统旧思想到完全觉醒，在反复磨炼中向无产阶级学习，全身心投入抗日斗争中，最终走上一条正确的道路。红色经典中像这样的人物形象还有很多，他们不畏艰险、敢于牺牲，不断改造主观世界，在马克思主义信仰的支撑下成长为成熟的共产党员，积极投入到伟大的革命事业中。

为人民服务是中国共产党的根本宗旨。中国共产党一经诞生，就把为中国人民谋幸福、为中华民族谋复兴确立为自己的初心使命。红色经典生动诠释了中国共产党为实现中华民族伟大复兴，团结带领中国人民进行奋斗和创造的伟大历史进程。《新儿女英雄传》

中冀中白洋淀农民组织起抗日自卫队，在共产党员老蔡的领导下投入战斗。《吕梁英雄传》中的晋绥解放区人民在中国共产党和抗日民主政府领导下，纷纷加入八路军、游击队、民兵队。这些文学作品均反映了军民团结、共同抗战的历史，体现了党动员群众、依靠群众的社会现实。中国共产党是在人民群众中成长起来的政党，党关心爱护百姓，百姓拥护党的领导，党和人民的鱼水之情在文学作品中也多有体现。如《苦菜花》中的八路军战士为救出被押群众去伏击日军，自己却陷入困境；《沉重的翅膀》中干部郑子云关心群众，为厂里的职工解决住房问题，深受群众爱戴；《新星》中的县委书记李向南为人民群众办实事，被百姓称为“李青天”。

在庆祝中国共产党成立100周年大会上，习近平总书记指出：“一百年来，中国共产党弘扬伟大建党精神，在长期奋斗中构建起中国共产党人的精神谱系，锤炼出鲜明的政治品格。”以新民主主义革命时期为例，这一时期革命精神最鲜明的特点是“浴血奋战、百折不挠”。为了能够救国救民、实现民族解放，无数革命先烈抛头颅、洒热血，用生命与鲜血谱写了一曲英雄赞歌，铸就了诸如五四精神、伟大建党精神、井冈山精神、苏区精神、长征精神、遵义会议精神、延安精神、抗战精神等。每个历史阶段都有自己的特征，在不同的时代背景下酝酿了不同的共产党人精神。习近平总书记指出："每个时代都有每个时代的精神，每个时代都有每个时代的价值观念。"红色经典文艺作品中蕴含了这些伟大的精神，成为对现实生活最活跃、最有影响力的强大推动力，像"三红一创、保林青山"（即《红日》《红岩》《红旗谱》《创业史》和《保卫延安》《林海雪原》《青春之歌》《山乡巨变》）这些作品中，几乎涵盖了中国共产党在革命、建设和改革时期所孕育的所有时代精神宝藏。

第三节　怎样读红色经典

怎样读红色经典？红色经典是对客观历史的书写，形象讲述了党的故事、根据地的故事、英雄和烈士的故事，是对信仰和精神的彰显，生动诠释了中国共产党对马克思主义信念的坚守、为人民服务的宗旨以及不同时期的精神谱系。因此，读红色经典至少应包括以下六个方面的内容。第一，读党的故事。在庆祝中国共产党成立100周年之际，中共中央政治局2021年6月25日下午就“用好红色资源、赓续红色血脉”进行第三十一次集体学习。中共中央总书记习近平在主持学习时强调，红色资源是我们党艰辛而辉煌奋斗历程的见证，是最宝贵的精神财富。红色血脉是中国共产党政治本色的集中体现，是新时代中国共产党人的精神力量源泉。回望过往历程，眺望前方征途，我们必须始终赓续红色血脉，用党的奋斗历程和伟大成就鼓舞斗志、指引方向，用党的光荣传统和优良作风坚定信念、凝聚力量，用党的历史经验和实践创造启迪智慧、砥砺品格。因此，要通过红色经典读党的故事，了解党的奋斗历程和伟大成就，总结党的光荣传统和优良作风，发掘党的历史经验和实践创造。第二，读根据地的故事。习近平总书记曾说：“党的十八大以来，我到地方考察，都要瞻仰对我们党具有重大历史意义的革命圣地、红色旧址、革命历史纪念场所，主要的基本上都走到了。每到一地，重温那一段段峥嵘岁月，回顾党一路走过的艰难历程，灵魂都受到一次震撼，精神都受到一次洗礼。”红色经典形象再现了很多重要基地场馆，要通过阅读红色经典了解革命圣地、红色旧址及革命历史纪念场所的故事。第三，读英雄和烈士的故事。习近平指出，中华民族是崇尚英雄、成就英雄、英雄辈出的民族，和平年代同样需要英雄情怀。对一切为党、为国家、为人民作出奉献和牺牲的英雄模范人物，我们都要发扬他们的精神，从他们身上汲取奋发的力量，共同为推进中国特色社会主义伟大事业、实现中华民族伟大复兴的中国梦而顽强奋斗、艰苦奋斗、不懈奋斗。红色经典无疑是承载英雄和烈士故事的最佳载体，因此，阅读红色经典要认真去读英雄和烈士的故事。第四，读理想信念。中国共产党带领中国人民取得革命的胜利和一个又一个伟大的成就，离不开科学理论和理想信念的有力支撑。红色经典中的故事和人物背后蕴含了高尚的理想信念，要通过红色经典读出这些理想信念，深刻感悟中国共产党对马克思主义理论真理性和价值性的坚信，对共产主义远大理想的向往追求，以及对中国特色社会主义的坚定信念。第五，读初心使命。无论是对宏观历程的再现，还是对微观故事的描绘，红色经典都生动地说明了中国共产党为人民服务的宗旨。阅读红色经典要读懂中国共产党为中国人民谋幸福、为中华民族谋复兴、为全人类谋福祉的使命。第六，读伟大精神。中国共产党领导中国人民在革命、建设、改革时期分别形成了红船精神、井冈山精神、长征精神、延安精神、红岩精神、西柏坡精神、太行精神、抗美援朝精神、大庆精神、雷锋精神、焦裕禄精神、“两弹一星”精神、女排精神、抗洪精神、特区精神等。读红色经典要从中感受在不同时期孕育的伟大精神。

通过什么了解红色经典？大家最先想到的就是纸质书籍。但实际上，红色经典的传播载体远不止图书一种。并且，纸质媒介虽然易传播、携带性强，但是对读者的文化水平有一定的要求。以曲波创作的《林海雪原》为例，这原是作者在1957年创作的长篇小说，主要讲述的是解放战争初期东北民主联军一支小分队在团参谋长少剑波的率领下，深入林海雪原执行剿匪任务，侦察英雄杨子荣与威虎山座山雕匪帮斗智斗勇的故事。小说自出版后，广受人民群众的好评，多次再版。然而新中国成立初期百废待兴，人民群众的文化水平有待提升，纸质阅读的壁垒无疑成为群众阅读红色经典的阻碍。因此，红色经典文学的影像改编就凸显出其重要性，20世纪五六十年代刚好就是红色经典的第一次改编浪潮。依托《林海雪原》的原著文本，先后诞生了这个故事的话剧、电影、样板戏等表现形式。不论是电影、电视剧的影像呈现，还是话剧、戏曲等舞台表演，这种以视听为主的沉浸式传播载体，大大降低了红色经典的阅读门槛，使得更多群众能够领略红色经典文艺作品的风采。并且，文本一旦诞生便拥有不可逆性，而影视呈现则可以根据不同的时代背景对文本剧情和人物进行符合当下人民群众喜好和时代脉络的改编。因此，我们可以从不同历史时期对同一文本改编的差异窥见时代主题精神的更替。《林海雪原》曾经多次被改编成电视剧，20世纪50年代改编的电视剧保留了那个时代的特色，当时人民群众对于改编红色作品抱有极大的热情，改编后的作品也洋溢着无限的革命热情与集体主义情怀。改革开放后商业浪潮兴起，一系列红色经典再次被改编成电影、电视剧、话剧等，对红色经典的跨文本跨媒介改编更加丰富和多元化。一方面，红色经典的传播介质展现出了新的面貌，在传统纸质媒介和影像呈现的基础上，舞台表演如音乐剧、话剧、舞剧也逐渐占据一席之地，以全新的艺术视角解读传承红色文化与红色精神。另一方面，各地纷纷因地制宜挖掘发展红色博物馆、专题展览、红色遗址等多样化的红色资源，从真实革命实地、实物等多角度再现红色经典。此外，随着科技的发展，VR、AR等高新科技纷纷助力红色经典的当代传播，短视频、云展览、互动游戏等多种载体使得红色经典的传播更加便捷与深入。

不同的媒介有着不同的特点，但是本质上都在为红色经典的传播服务。在本书中，笔者将纸质媒介、影像呈现、舞台表演、实地考察、实践创作、网络传播等不同传播形态的红色经典纳入，通过对不同时期、不同内容、不同媒介红色经典案例的深入阐释和分析来详细介绍红色经典的内容领悟与精神传承。

第一章

读党的故事

概　　述

习近平总书记高度重视学习党的历史，强调讲好党的故事，指出我们党的一百年，是矢志践行初心使命的一百年，是筚路蓝缕奠基立业的一百年，是创造辉煌开辟未来的一百年。向年轻一代讲好中国共产党的故事，向全世界讲好中国共产党的故事，既是时代使命，也是责任担当，更是开创未来的现实需要。红色经典是承载党的故事的重要载体。

帝国主义入侵、封建统治腐朽、军阀割据混乱，近代以来的中国民不聊生，中华民族陷入水深火热之中，现实呼唤着带领中国人民实现独立的力量。在这种背景下，中国共产党诞生了。李大钊、陈独秀、瞿秋白、陈潭秋、毛泽东等共产党人不仅是先进的革命家，同时也是优秀的文学家，常勤毅曾评论他们的文学创作："在中国革命新文学的源头烙下一道深深的'红色烙印'。"瞿秋白考察莫斯科后根据所见所闻创作的《俄乡纪程》和《赤都心史》真实地描绘了十月革命胜利后苏俄（即俄罗斯苏维埃联邦社会主义共和国）的现实生活，将苏俄的成功经验传回中国。“恰同学少年，风华正茂；书生意气，挥斥方遒。”毛泽东早年挥毫写下的诗词亦鼓舞了大批青年踏上红色之路。

在土地革命时期，中国共产党经历了多次大规模“围剿”，经历了艰难的反“围剿”过程，积累了丰富的斗争经验，铸就了伟大的长征精神，同时红军队伍不断壮大，根据地迅速发展。很多文学作品生动再现了这一时期的真实情况，比如《七律·长征》《地球上的红飘带》《七根火柴》等，其中，最有代表性的是美国记者埃德加·斯诺在1936年6月至10月到中国西北革命根据地进行实地采访后根据所见所闻创作的纪实文学作品《红星照耀中国》。

在抗日战争时期，中国共产党率先高举武装抗日的旗帜，组织抗日游击队英勇作战。陕甘宁边区与华北敌后抗日根据地广泛开展大生产运动，培养干部、开展文化教育、鼓励文学艺术创作，人民群众自发加入红军到前线作战，妇女儿童也被动员起来在大后方为红军提供支持。革命作家以笔为矛，反映了这一时期的真实情景。第一，记录日寇在中华大地上的暴虐行径，记载党和人民的鲜血与荣耀。军旅作家张正隆历时二十年，走访大半个中国创作的报告文学《雪冷血热》，真实还原中国东北十四年抗战史，揭露了日军在东北“杀大沟”“万人坑”等滔天罪行，讲述了杨靖宇、赵尚志、赵一曼、李兆麟等烈士的英雄事迹，展现了东北抗联可歌可泣的英雄史诗。第二，塑造了一系列典型人物形象，深刻反映战争年代中国人民民族意识的觉醒与家国情怀的担当，从知识分子到工人农民，从妇女到儿童，中国人民在艰苦的斗争中成长，在党的指引下前进。代表作品有《青春之歌》《把一切献给党》《新儿女英雄传》《苦菜花》《闪闪的红星》等。第三，表现中国共产党与人民群众团结抗日的革命情景，典型的如《铁道游击队》《吕梁英雄传》。

在解放战争时期，以解放战争为创作背景的文学作品生动反映了当时战争、土地改革的社会现实及共产党人和人民群众的精神风貌。《红日》以华东解放区为背景，围绕山东战场的涟水、莱芜、孟良崮三大战役，讲述了中国人民解放军华东野战军歼灭国民党的王牌军74师、以弱胜强、扭转战争局面的故事，刻画了解放军战士与百姓的深厚感情。《红岩》聚焦于解放战争时期共产党领导的地下革命斗争，齐晓轩、许云峰、江雪琴等人身陷牢狱遭到毒刑拷打，但肉体的折磨不能摧毁共产党人的意志和信念，“红岩精神”的光辉在他们身上闪耀。

新中国的成立揭开了历史新篇章，长期困苦于战争的中国人民开始投身于新中国的恢复与发展中。此时朝鲜战争的炮火即将烧到鸭绿江边，美军悍然越过“三八线”，威胁我国的国家安全。党中央清醒分析局势，作出抗美援朝、保家卫国的历史决策。中国人民志愿军雄赳赳、气昂昂，跨过鸭绿江，同朝鲜军民密切配合，首战两水洞，鏖战长津湖，血战上甘岭，将不可一世的美军打退回“三八线”。杨根思、黄继光、邱少云、罗盛教……无数先烈牺牲在异国他乡，他们是“最可爱的人”，他们用生命写就了伟大的抗美援朝精神。作家魏巍曾两次前往抗美援朝战场，亲身体验志愿军的生活和战斗，根据真实经历和感受创作了全面反映抗美援朝战争历程的长篇小说《东方》。在进行抗美援朝战争的同时，国内采取了改革旧制度、发展新企业等一系列举措来恢复国民经济，对农业、手工业和资本主义工商业进行社会主义改造，确立起了社会主义制度。赵树理的长篇小说《三里湾》、柳青的长篇小说《创业史》、周立波的长篇小说《山乡巨变》以在农村中建立农业合作社或农业互助组为主线，展现了农业集体化为农村经济注入强大活力，农民生活呈现崭新面貌。周而复创作的长篇小说《上海的早晨》以资本主义工商业的社会主义改造为创作背景，全面反映了新中国成立初期工厂企业的改革风貌。

党的十一届三中全会胜利召开，拉开了改革开放的序幕。农村实行家庭联产承包责任制，城市经济体制开始全面改革，中国特色社会主义市场经济体系逐步建立。何士光创作的短篇小说《乡场上》描写了随着家庭联产承包责任制的实行，穷苦农民冯幺爸第一次在经济上拥有了自主权，逐渐摆脱了曾经的怯懦，变得扬眉吐气；贾平凹的《腊月·正月》描写了腊月到正月短短一个月的时间内，农村新旧力量的交替，反映了改革开放为农村带来的巨大影响；张洁的长篇小说《沉重的翅膀》聚焦于改革开放初期的工业改革；柯云路的小说《新星》中的主人公李向南代表了改革开放时期坚决与保守势力对抗的党员干部，他们勇立时代潮头，有胆识、有魄力，是推动社会进步的重要力量。

近代中国的发展历程是中国共产党带领中国人民

浴血奋战、百折不挠、艰苦奋斗的历程，红色经典以广阔的画卷、细腻的笔触、鲜活的人物生动形象地记录了这一历程。阅读红色经典，能从中读到党的奋斗历程和伟大成就、党的光荣传统和优良作风、党的历史经验和实践创造。

第一节　党的奋斗历程和伟大成就

“为有牺牲多壮志，敢教日月换新天。”为了实现中华民族伟大复兴，中国共产党团结带领中国人民浴血奋战、百折不挠，创造了新民主主义革命的伟大成就；独立自主、敢于拼搏，创造了社会主义革命和建设的伟大成就；解放思想、实事求是，创造了改革开放和社会主义现代化建设的伟大成就；自信自强、锐意进取，创造了新时代中国特色社会主义的伟大成就。

红色文学作品包罗万象的内容全面展现了党在新民主主义革命时期、社会主义建设时期、改革开放和社会主义现代化建设时期生动的社会图景、艰难而又壮阔的发展历程以及党在不同阶段所取得的伟大成就。《红色的起点》以独特的视角记载了中国共产党在成立初期的社会大背景，用历史事实向人们阐述了共产党成立的历史必然性与重要性；《苦菜花》则是以山东的一个农村为背景，讲述了当地村民在共产党的带领和组织下积极与日寇、汉奸、封建势力作斗争的故事，以小见大，借此反映革命历史时期阶级斗争的残酷性、复杂性和艰巨性；《保卫延安》中正面描写了解放战争时期延安保卫战的恢宏场面，展现了战争的残酷与解放军战士不畏牺牲的英勇形象；《创业史》以梁生宝互助组的发展为线索，表现了中国农业社会主义改造进程中的历史风貌和农民思想情感的转变。阅读这些作品，就像是在文字的指引下，再次回到历史现场，重温战火纷飞的年代与那段艰苦奋斗建设新中国的日子。下面的三个案例就从不同的角度，讲述了党的奋斗历程与伟大成就。

案例一 《红星照耀中国》真实记录中国西北革命根据地所见所闻[①]

有这样一本书，曾经是外界了解中国共产党、红军、革命根据地的关键资料，让世界第一次认识到中国共产党的真实情况、革命理想与信仰，摆脱了以往“土匪”的污名。美国记者埃德加·斯诺在求真的信念与勇气加持下，踏上了西行的漫漫道路，写下了极负盛名的《红星照耀中国》。

1927年4月12日，以蒋介石为首的国民党右派发起反革命运动，大肆屠杀共产党员和国民党左派等。在第五次反“围剿”失败后，红军被迫开始长征，辗转来到延安建立革命根据地。一直到1936年，国民党对红军进行着层层的军事包围封锁，严密把控着红军的消息。在国民党的刻意渲染之下，红区在西方媒体眼中犹如“龙潭虎穴”，是“土匪聚集的地方”。

外界对红军、中国共产党、苏维埃一直存有很多的疑问。而这些疑问，只有亲自到了苏区，才能有令人满意的答案。但在当时，即使有人设法进入红区，

① 参见李杨《“记录历史”与“创造历史”——论斯诺〈西行漫记〉的历史诗学》，《天津社会科学》2015年第5期。

最后几乎都失败了。1936年6月，西安的局面出现了转机，美国记者斯诺有机会进入红区。于是他决定抓住机会，从北平出发，经过西安，冒着生命危险进入被国民党军队层层包围封锁的陕甘宁边区革命根据地，进行了长达四个月的采访考察。从苏区返回北平后，斯诺把整理后的采访资料陆续在英美报刊上发表，引发了广泛关注。伴随着文章发布的还有大量的照片，在这些照片中，那些谈笑风生的中国共产党领导人的妻子，那些生活在根据地的纯真可爱的儿童以及衣着整洁的红军干部们，让世界再难相信关于中国红军不过是一群土匪的传说。

1937年10月，斯诺根据采访整理的资料汇总成"非虚构写作"《红星照耀中国》(又名《西行漫记》)，由伦敦戈兰茨公司正式出版。一经出版，引起广泛关注，"像焰火一样，腾空而起，划破苍茫的暮色"。此后，延安从一座无名小城迅速变为国际知名的红色圣地，引得无数中外记者和爱国人士前来访问。这本书的出现，弥补了当时社会对于红军、共产党的认知空白，使得红军的经历和信仰能够被正式地书写、传播。

一方面，它记录了国民党对红军"围剿"的暴行及中国共产党长征的伟大经历。《红星照耀中国》第九篇《同红军在一起（续）》讲述了国民党在“围剿”中毁灭红军、迫害百姓的暴行，红军战士徐海东家族六十六口在“围剿”中被国民党军残忍杀害。第五篇《长征》详细记录了第五次反“围剿”及红军二万五千里长征的艰难过程，评价红军长征为“历史上最盛大的武装巡回宣传”。另一方面，它全方位真实再现了中国共产党领导的革命根据地的生活图景，展现了工农红军与人民群众的革命热情与坚强意志。书中介绍了毛泽东、周恩来、贺龙等共产党领袖的生平经历与政治思想，简述了游击战术的发展及取胜原因等，介绍了红军的人员构成、日常生活，赞美红军的严明纪律，介绍了苏区的土地改革、工业发展、货币流通等情况，讲述了参观红军大学、观看红军剧社等经历，并通过对红军战士及农民的采访记述了党与人民的鱼水之情。

案例二　红色动画《那年那兔那些事儿》形象再现一系列重大历史事件[①]

进入21世纪，人们的生活与互联网的联系日益紧密。“90后”和“00后”可谓是与互联网并肩成长的两代人，他们对于网络的运用与熟悉度要远高于其他年代的人。《那年那兔那些事儿》采用年轻人喜闻乐见的形式进行主题创作，创新性地把红色文化与二次元文化相结合，融合了游戏语言和二次元文化，在网络上引起强烈反响。

网络动画《那年那兔那些事儿》（以下简称《那兔》）改编自同名漫画，由翼下之风动漫科技有限公司制作，以兔子、老鹰等动物形象来展现我国和其他国家相关的军事、政治、外交等一系列重大历史事件。该剧自2015年3月5日开播以来，共出品了五季，豆瓣评分超过8分。作为一部颇具教育意义且通俗易懂的红色动画，《那兔》并没有按照人们对于红色动画的刻板印象来演绎剧情，而是加入了网络语言以及“网生代”群体的二次元文化，巧妙地弥补了红

① 参见王朔《从〈那年那兔那些事儿〉看红色动画对二次元文化的“拿来主义”》，《视听》2020年第1期。

色动画表现形式模式化、艺术性不强的缺点。

在故事剧情上,《那兔》用动画的形式诠释了中国清末以来的一系列重要事件，包括抗日战争、新中国成立、抗美援朝、中美关系等。该动画把这些真实背景下发生的真实事件结合二次元形象进行艺术加工，在真实与虚拟中引起观众共鸣。比如第一季的剧情是从兔子家——古代种花家的兴衰讲起，讲述了兔子们打败秃子，创立自己的国家，和鹰酱斗争，和毛熊等自我主义者对抗，到后来历经磨难终于腾飞崛起等一系列事件，对应的时间是从古代到20世纪末。在第一季第二集中，中国的形象对应的是“人畜无害”的兔子，鹰酱的原型是美国，毛熊则指苏维埃联盟(第一集出场时没有共产党标志，代表俄罗斯帝国)。

在语言表达上,《那兔》融合了大量的网络语言，与动画画面融合在一起，形成了另类奇观的观赏效果。比如在第一季第二集中，解放军“兔子”在横跨鸭绿江时，回头讲了一句“亲们，等我，我会回来的”。“亲们”本来是一句流行网络的用语，但是从这群解放军战士的口中说出，就具有了一种悲壮的色彩。事实上，在抗美援朝战役中，中国志愿军伤亡超过三十万人（统计时间：1958年9月20日），至今还有一些烈士遗体没有回到祖国。

在情感抒发上，《那兔》的巧妙之处在于，把历史的宏大叙事浓缩为“兔子”们为复兴“种花家”而艰苦卓绝地奋斗的热血故事，借助动物符号和叙事策略将历史卡通化、扁平化、碎片化，避开了传统红色动画中的沉重感和厚重感。这样模糊审美的二次元形象构建，共同构筑了以红色文化为核心的现代国家想象，蕴含了振兴“种花家”和实现“大国梦”的国家情绪和共鸣。很多观众在看完这部动画时，都会牢牢记住一句话，“每一只兔子都有一个大国梦”。

案例三　红色主题画绘出新气象[①]

红色主题绘画产生于社会不断发展的年代，以极富象征意义的特殊符号和图像记录大变革大斗争大运动的恢宏历史。中国共产党成立以来，一直注重美术在民族解放、民族振兴上的重要作用，引导美术以多种形式展现新民主主义革命和社会主义建设时期的历史。新中国成立后，在“艺术为工农兵服务”“艺术

① 参见马苏薇《红色连环画绘出新气象》，《人民日报》2021年9月5日。

为人民服务”的号召下，一大批经典的红色主题绘画走上舞台，展现了革命者不畏牺牲、敢于斗争的革命精神，以及爱国主义、集体主义等时代精神。

连环画是20世纪五六十年代盛行的艺术表现形式，是一代人的集体记忆。2014年，习近平总书记在视察北京市海淀区民族小学时，与师生们分享了连环画对自己的影响，对少年儿童培育社会主义核心价值观提出十六字要求：“记住要求，心有榜样，从小做起，接受帮助。”近几年，不断有出版社根据时代要求和目标受众，推出了一些贴近当下生活，聚焦新时代、新风貌，以艺术笔触形象描绘新时期新成就的连环画作品。如上海人民出版社、上海书店出版社联合推出的《新时代奋斗者系列连环画》，通过描绘十位获得国家荣誉的上海先进人物，以榜样的力量鼓舞人们奋力前行。冯远、胡博综、谢志高等一批名家创作的“脱贫故事绘”系列连环画展开了一幅山乡巨变的时代画卷。一些地方譬如重庆、南京等地，立足当地革命史，积极组织画家展开系列连环画创作，出版独具特色的地方党史读本。这些创作者们为了能够使连环画真正做到“图文并茂”，深入历史现场收集史料，多次更改画稿；为了脚本的可读性与准确性，出版社要求相关专家、作家参与连环画文本的撰写。

连环画的创作并不简单，不仅需要作者有高尚的艺术审美与精湛的绘画技艺，同时也需要有深厚的历史文化底蕴。《地球的红飘带》是由魏巍原著、王素改编、沈尧伊绘制的一套连环画。这部连环画从中央红军血战湘江切入，生动描绘了红军从湘江到达甘肃哈达的一年里种种艰难曲折的斗争。为了保证创作的严谨，作者沈尧伊先后四次重走长征路，搜集了大量有关长征的史实资料，多次访问当年参加长征的老兵以及军事史学家。在搜集的过程中，作者也在不断构思重塑连环画的框架与脉络。中国美术家协会主席认为，沈尧伊这种深入历史的创作是“长征三部曲”打动人心的原因之一。在国家大剧院“地球的红飘带：长征三部曲——沈尧伊连环画作品展”上，《地球的红飘带》《长征・1936》《征路星火》首次同台亮相，从作者用十二年时间创作的两千多幅作品中精选出近三百幅作品，从精神和视觉上带给观众莫大的震撼，就像是“重走”长征路。

除了成书册式的连环画，单幅的绘画作品在讲述党的故事方面也有着特殊的贡献。“开国大典”是国庆节的永恒话题，更是主题性美术创作的经典内容。

1952年，37岁的董希文受命完成《开国大典》。这幅油画作品以现实主义和浪漫主义相结合的手法，表现了1949年10月1日毛泽东主席宣告中华人民共和国成立的历史瞬间，成为“开国大典”题材绘画的经典之作。

齐白石在95岁高龄时为庆祝国庆创作的《祖国万岁》，画面并不直接表现国庆期间的庆祝活动和热烈场面，而是以万年青的累累果实表达爱国之情。万年青在我国有悠久的栽培历史，又名红果万年青，四季常绿，果实鲜红，历代常作为富有、吉祥、太平的象征。图中的字、画并不做形式复杂的排列，可谓简而又简。构图中，淡绿染叶，胭脂点果，清新雅致，“祖国万岁”四个篆书大字强烈地表达出老人的爱国之情。

此外，李可染于1964年为中华人民共和国成立十五周年创作的《万山红遍》，更是画史佳话。《万山红遍》取自毛泽东“看万山红遍，层林尽染”之词义，李可染以“可贵者胆”“所要者魂”的精神，突破传统水墨山水画的范式，大胆尝试用朱砂写积墨山水，创造了融墨的深厚与色的浓烈于一体的现代诗意山水图式。《万山红遍》采用了一种顶天立地的构图方式，巍峨的山峰占据了画面的中心，凸显出群山之气势撼人。白色的飞瀑、溪流以及瓦屋，使得整幅画作气息通透，流露出一种摄人心魄的灵气。既有严谨的布局经营，又不失情感的自然流露，满目红山，意境非凡。

案例启示

1. 红色经典蕴含深厚的红色基因

红色经典文学以细腻的笔触书写革命历史，红色主题画以视觉语言的独特想象力，用图像符号描绘甚至再现了历史上的重要时刻，弥补了文字描述不具备的视觉性效果。阅读这些作品，不仅能够深入了解党的故事，更能够品味其中蕴含的红色基因。以红色主题绘画为例，许多画家在创作时会同时加入现实和抽象化的符号，在这一过程中，时间被模糊，物质被重构，精神和意义被杂糅在色彩和布局之中。徐悲鸿创作的《放下你的鞭子来》是一幅著名的红色主题画作，画作中以父女二人的遭遇控诉日寇的罪行，明暗交织的色彩背后是作者强烈的爱国情怀和对社会黑暗的无情揭露。王盛创作的国画《八女投江》取材于抗日战争时期的八女殉国事件。1938年，东北抗日联军八名女兵在指导员冷云的率领下与日伪军展开激战，她们主动吸引火力，使大部队迅速摆脱敌人的攻击，但自己却被敌军围困河边。在弹药用尽的情况下，她们面对日伪军逼降宁死不屈，高呼“打倒日本帝国主义”，高唱《国际歌》，集体沉江，壮烈殉国。画面定格在了八位女战士相互搀扶走向滔滔江水的镜头，虚实相间，乌云的具象化描绘与充满水汽感的云雾相互呼应，以国画笔墨写意处理的背景与素描精心塑造的八位女兵形成鲜明对比，将女战士视死如归的坚定决心展露无遗，表现了革命烈士顽强拼搏、宁死不屈同敌人血战到底的精神气概。

2. 红色经典以多种形式再现党的奋斗历程和伟大成就

一沓纸或者一张纸，几个字或者上万字，都能从不同的角度和时空讲好党的故事。相比长篇小说的厚度，绘画有的时候仅需要一张画纸。人们通常不需要多长时间就能欣赏完一幅画作的内容，但是真正要领略图像、色彩、布局所传达出的精神和思想除了专业的美术鉴赏知识，也需要结合真实历史进行理解。董希文创作的油画《开国大典》以现实和浪漫的笔触描绘了1949年开国大典上毛泽东向全世界庄严宣告新中国成立的重要时刻。整幅油画色彩明亮，蓝天、白云、鲜花、大红灯笼相互映衬，画面热烈而明快，展现了新中国诞生时全国上下一片欣欣向荣的景象，是一个重大历史时刻的集体记忆。无论是文学、绘画还是动画片等影像呈现，不同的形式为不同的受众了解党的奋斗历程和伟大成就提供了多样化的路径。展现形式越多，一定程度上能够将红色经典带给更多的读者，满足人民群众多样化的精神文化需求。

第二节　党的光荣传统和优良作风

中国共产党在长期的奋斗和执政过程中形成了许多光荣传统和优良作风，这些光荣传统和优良作风是我们党宝贵的精神财富。2021年3月1日，习近平总书记在中共中央党校（国家行政学院）中青年干部培训班的开班式上指出："我们党团结带领人民取得了革命、建设、改革的伟大成就，很重要的一条就是我们党在长期实践中培育并坚持了一整套光荣传统和优良作风。这些光荣传统和优良作风是我们党性质和宗旨的集中体现，是我们党区别于其他政党的显著标志。党要得到人民群众支持和拥护，就必须持之以恒发扬党的光荣传统和优良作风。”

在长期的奋斗过程中，中国共产党形成了理论联系实际、密切联系群众、批评与自我批评的光荣传统和优良作风。理论和实践相结合的作风，就是把马克思列宁主义的基本原理同中国革命的具体实践相结合，从实际出发，实事求是。密切联系群众的作风，是党的各级组织和党员干部要和群众结合在一起，密切党和人民群众的关系，一切为了群众，一刻也不脱离群众。批评与自我批评的作风，是正确处理和有效解决党内矛盾、克服缺点、纠正错误的科学方法。红色经典充分展现了这些光荣传统和优良作风，《西行漫记》通过斯诺与中共早期领导人的对话，清晰窥见中国革命如何从理论走向实践；《苦菜花》《林海雪原》表现了中国共产党密切联系群众，传播党的政策和信仰，同时积极发动农村群众，组织武装力量对抗日寇或土匪。

案例一　动画《鸡毛信》：密切联系群众的生动写照[①]

2014年末，优漫卡通接到一个来自广电总局的特殊任务：创作献礼抗战胜利七十周年纪念日的动画作品《鸡毛信》，要创作出一部质量过关、不落俗套、导向健康的动画精品。《鸡毛信》原本是作家华山的小说，主要讲述了在抗日战争时期，农村儿童团团长海娃给八路军送信的故事。1954年，这个故事经过石挥导演的改编，第一次被搬上了大荧幕，从此大江南北都知道了“鸡毛信”的故事，成为一代人的共同记忆。“鸡毛信”不仅仅是一个革命战争主题的故事，它同时也是一个少年儿童题材的内容。这个故事充满着社会主义现实和浪漫的革命主义英雄色彩，具有极强的时代特色。所以，如何把故事改编得既保留原著题材的严肃性，又展现动画的特色，既符合原著的精神内核，又符合当下青少年的欣赏审美成为整个动画创作的关键。

在充分考虑时代背景、创作环境、时代风尚和民

① 参见王笑瑞《鸡毛信：新时期经典改编的力量》，《中国广播电视学刊》2015年第10期。

族精神的基础上，编剧组经过多次讨论将动画作品《鸡毛信》的思想内核定义为“成长”，将目标受众缩小为中小学生。在改编时，创作人员删繁就简，节选了原著最为经典的海娃送信的桥段，对事件进行了扩展，糅合了另一位抗日小英雄王二小的故事，对原著进行改编。在制作时，编剧组并没有为了迎合市场而选择搞笑夸张的风格，以避免消解这一红色主题背后的历史沉淀感和原本的教育指导意义。

在故事情节上，编剧组明确了双线并行的剧情，将两个不同时代的故事主人公在精神上相互联系，将现代戏与历史戏串联起来。在现代戏中，娇生惯养的小学生陈宇轩因骄横跋扈被父母强制送去参加体验类电视真人秀。现代城市生活的便利和高科技，与革命老区的艰苦朴素产生了碰撞和对比，非常自然地产生了矛盾和冲突。在历史戏中，胆小懦弱的海娃因为家园被毁，流离失所，被年长几岁的王二小所救。王二小性格坚毅，海娃在跟着他送鸡毛信的过程中逐渐改变。最终王二小惨遭日军杀害，海娃继承了这位自己最为尊敬和崇拜的兄长的遗志，历经艰险将鸡毛信送到目的地，完成了从胆小到勇敢、从狭隘的只顾个人安危到胸怀大局和责任心的最终转变。现代戏和历史戏的比例大概是2比8，陈宇轩现代的和平生活与赵海娃在烽火中度过的童年也形成对比，进一步发挥了作品深刻的教育意义。

在人物塑造上，动画为了符合“成长”的主题，对主人公海娃的性格做了一些调整。在原著故事中赵海娃是一个英勇果敢、沉着冷静的小英雄。在动画片中，主人公出场时被设定为因为家园被毁而无家可归的流浪儿童，性格懦弱胆小，被王二小救了之后便跟着他一起送信。原著中英雄式的赵海娃形象被重新解构，成为经历一系列磨难事件后，逐渐从胆小懦弱成长为完成送信任务的小英雄。同样呼应的还有现代戏中的小学生陈宇轩，陈宇轩起初是一个调皮捣蛋的熊孩子形象，在老年赵海娃的讲述下，了解到七十多年前龙门村抗战时期信息传递的艰难，也通过在龙门村体验生活，完成种种挑战之后，逐渐适应了艰苦的生活，最终被革命老区乡亲们的朴实和坚韧所感化，内心获得了成长。

鸡毛信作为重要的道具，在动画片的两条时间线中都有出现。历史戏中，八路军们信息沟通需要跋山涉水送鸡毛信。而现代戏中，陈宇轩只需要通过手机，就能发送信息。赵海娃跨越历史和现代两个时期，都始终保存着鸡毛信，这背后承载的实际上是他对于抗日战争时期难以磨灭的红色记忆。在动画片的结尾，老年赵海娃和小学生陈宇轩分别之际，爷孙俩把各自珍惜的通信工具鸡毛信和手机彼此互换，象征性地完成了历史和未来的交接。

案例二 《星火燎原》：彭德怀的批评与自我批评[①]

从成立之日起，中国共产党就一直注重党内的纯洁性和先进性，注重开展批评与自我批评，在一些危急关头，通过整顿思想和队伍，排除错误思想和路线，使得革命与建设沿着正确的道路前进。批评与自我批评既是党的光荣传统和优良作风的重要组成部分，又是坚持和发扬党的光荣传统和优良作风的重要保障。

在《星火燎原》红色经典系列中，彭德怀是身边工作人员眼中开展批评与自我批评的模范。《星火燎原》系列是由毛泽东题写书名、朱德作序的红色经典，凝聚了无数先烈用生命和鲜血续写的革命故事。

① 参见刘克东《彭总是批评和自我批评的模范》，《解放军报》微信公众号。

1956年7月，为纪念建军三十周年，中央军委决定出版一部反映我军三十年斗争历史的回忆文集。《星火燎原》由星火燎原编辑部从“中国人民解放军三十年”征文中选编而成，从1956年征文开始，到1982年成书。全书共收入637篇文章，约360万字，分为10集。

在《星火燎原》中，刘克东讲述了自己眼中的彭德怀将军。面对老百姓认为红军电台的同志把他们的鸡抓走了的严重违反群众纪律的事实，彭德怀严肃冷静，既安抚部下不慌不忙查清真相，同时也表示，如果确有此事，就要给老百姓讲清楚，对相关人员要严肃批评教育。当事情调查清楚后，原来是一场误会，但彭德怀并没有因此撇清解放军的责任，而是表示“鸡虽然是买的，但我们部队还是有责任的噢！至少是没有弄清情况就买，让群众产生了误会。今后要引为教训”。彭德怀的批评既充满爱护之情，又注重循循善诱地讲清道理，但他也有严厉、发火的时候。针对工作马虎、偷懒和拖拉的现象，彭德怀批评起来一点也不客气。在部队行军临时休息时，他看到司令部的领导和机关的一些同志也准备躺下休息时发了火，痛批他们不像打仗的作风。之所以让司令部的领导和机关的一些同志骑马，就是为了能够减少他们的疲劳，从而确保到了一个地方能够立刻开展工作，了解敌人状态和部队情况，而不是躺着休息睡觉。彭德怀的批评对部队影响很深。从那以后，行军每到一地，司令部和各机关的同志严阵以待，整个指挥机关都形成了一种严肃紧张、分秒必争的战斗作风。彭德怀要求别人严，要求自己更严。他认为认识自己比认识别人更难，不论工作怎样忙，每月总要抽出半天时间，把自己做过的事认真地检讨一番，看哪些做对了，哪些做错了，以防再犯错误。即使打了胜仗，彭德怀也会在高兴之余立刻用皮带往手心一打，提醒自己“可不敢骄傲”。同时他也指示部队要认真总结战斗经验，特别注意找出薄弱环节。

通过刘克东的文字，我们看到了一位身体力行地践行批评与自我批评光荣传统和优良作风的革命先辈。习近平总书记在党史学习教育动员大会上强调，我们党历来重视党史学习教育，注重用党的光荣传统和优良作风坚定信念。中国共产党在领导我国革命、建设和改革的长期实践中培育并坚持了一整套光荣传统和优良作风，我们应该从这些光荣传统和优良作风中汲取力量、筑牢信念、补足精神。

案例启示

1. 结合历史观看红色动画

动画的娱乐性和趣味性有时候会或多或少地消解红色经典主题的严肃性和真实性，对此，最好的办法就是结合真实历史观看红色动画。以《鸡毛信》为例，主人公海娃也许不是真实存在的人物，但是他送鸡毛信的故事是真实的，在那个时期，全国很多同年龄段的孩子们都经历过。抗日战争时期，八路军之间通信困难，“鸡毛信”是当时为数不多有效且快速的通信方式。信没有信封，有固定的折法，紧急的信在中间插上鸡毛，所以叫鸡毛信。在那个年代，无数像海娃一样的孩子要在烽火中冒着危险跋山涉水给八路军送信，在炮火声中度过了童年。只有在了解这一历史背景的基础上再观看动画片《鸡毛信》，才能更深刻地感受到海娃的坚韧与勇敢，更能感受到中国共产党密切联系群众、坚持群众路线的优良传统，以及老百姓对于党的拥护与信任。

2. 学习伟人故事践行党的光荣传统和优良作风

红色经典不仅具有文学价值，同时也具有历史考据价值。文字不仅描绘了革命历史，也用细腻的笔触将革命先辈们的形象一帧一帧地刻画。我们通过了解彭德怀的故事，能够对学习并践行批评与自我批评这一优良作风有更加深刻的理解。批评与自我批评既是党的光荣传统和优良作风，也可以应用到生活实践的各个方面。在创作舞剧《红色娘子军》时，创作组成员广泛听取意见，在收到修改意见和来自军队的批评时及时调整修改舞剧，最后呈现了一部广为流传的优秀芭蕾舞剧。红色经典小说《红岩》在创作前后经过多次修改，在批评意见中完善，从定稿到出版历经磨难，最后成就了一部至今仍保有活力的红色经典小说。

第三节 党的历史经验和实践创造

党的十九届六中全会审议通过《中共中央关于党的百年奋斗重大成就和历史经验的决议》（以下简称《决议》），以“十个坚持”深刻总结了中国共产党领导中国人民百年奋斗的历史经验。“十个坚持”是系统完整、相互贯通的统一整体。其中，党的领导是根本，人民至上是命脉，理论创新是先导，独立自主是基点，中国道路是方向，胸怀天下是情怀，开拓创新是动力，敢于斗争是品格，统一战线是法宝，自我革命是特质，十个方面相互联系、相互支撑、相互促进，构成了对党的百年奋斗历史经验的完整和科学的表达。“十个坚持”深刻揭示了党和人民事业不断成功的根本保证，深刻揭示了党始终立于不败之地的力量源泉，深刻揭示了党始终掌握历史主动的根本原因，深刻揭示了党永葆先进性和纯洁性、始终走在时代前列的根本途径，进一步深化了对共产党执政规律、社会主义建设规律、人类社会发展规律的认识。

习近平总书记在《关于〈中共中央关于党的百年奋斗重大成就和历史经验的决议〉的说明》中指出，“总结党的百年奋斗重大成就和历史经验，要坚持辩证唯物主义和历史唯物主义的方法论，用具体历史的、客观全面的、联系发展的观点来看待党的历史”。“十个坚持”的历史经验总结蕴含着丰富的唯物史观原理，是对马克思主义历史观的生动表达和诠释。一百年来，我们的党坚持把马克思主义写在自己的旗帜上，自觉以马克思主义为指导，紧紧围绕实现中华民族伟大复兴这个主题，不怕牺牲、不懈奋斗、不断创造，形成了一系列宝贵历史经验。

“十个坚持”是中国共产党百年奋斗的历史经验，是经过时间锤炼的成果。当把视角落到每一个共产党员身上时，从一个党员的成长和一生的起起伏伏中，也可以窥见这些经验。红色经典中塑造了很多生动形象的党员，或来自乡野，或出身卑微，或热血激情，或沉静内敛，他们的一生伴随着革命的深入和发展，从这些人身上，可以更真切感知大环境下共产党人的成长，感受共产党深刻的历史经验和生动的实践创造。

案例一　《青春之歌》：知识分子成长为坚定的共产党员①

《青春之歌》是当代作家杨沫于1958年创作的一部长篇小说，是“十七年时期”最具影响力的小说之一。小说曾经被翻译成二十多种语言介绍到国外，印尼和日本的共产党员甚至把这本书当作教材学习。在国内，小说的出版更是赢得了自上而下的好评，周恩来、茅盾等都在各种场合夸赞这部作品，共青团中央

① 参见李杨《“人在历史中成长”——〈青春之歌〉与“新文学”的现代性问题》，《文学评论》2009年第3期。

也号召全国的团员青年学习这部作品。1959年，《青春之歌》被改编为同名电影搬上大荧幕后，更成为家喻户晓的作品。

小说以20世纪30年代日本侵华过程中发生的“九一八”事变到“一二·九”爱国学生运动为背景，通过女主人公林道静的成长故事，构筑了革命历史的经典叙事，揭示出知识分子成长道路的历史必然性。很显然，小说的内核在于“成长”，林道静从个人主义、民主主义、自由主义的知识分子改造成长为一个坚定的共产主义战士。在历史的大潮流中，无数的知识分子，在一次又一次的思想洗礼中选择了马克思主义、接受共产主义信仰，成为坚定的无产阶级战士。

林道静的成长环境比较复杂，她的父亲是“北平城”里的大地主林伯唐，生母是乡下的贫农秀妮。一次下乡收租中，林伯唐看上了秀妮，便强娶为姨太太。秀妮在生下林道静后，被赶出林家，后投河自尽。林道静在不幸中长大，同时具有了剥削者与被剥削者的双重身份。这双重身份既是成长的依据，也是成长的起点。林道静共经历了三个成长阶段。第一个阶段，林道静在自己初恋爱人余永泽的影响下，吸收了西方人道主义思想，摆脱蒙昧无知的思想状态；第二个阶段，林道静结识了共产党人卢泽川，阅读了“用马克思列宁主义理论写成的一般社会科学的书籍”，对马克思主义学说有了初步认识，开始用阶级分析观点来分析中国社会现状；第三个阶段，共产党员江华引导林道静把马克思主义理论和实际工作结合起来，深入乡村，组织起人民的力量，在经历了定县农村生活和监狱斗争的磨炼之后，终于成长为一个坚定的共产主义战士。入党宣誓仪式上，在引路人、入党介绍人江华面前，林道静宣誓要把自己的全部生命交给党的事业与共产主义理想。在《青春之歌》最后一章的“一二·六大游行”中，林道静不再是之前那个幼稚的少女，而是成熟独立坚定的共产党人，她成功地负责和组织了北大学生的游行示威活动，成为声势浩大的群众游行队伍的领袖，率领着进步师生，迎着反动派的警棍和枪声，完成着一次势不可当的伟大的进军。

小说在出版时，其实并没有成长的第三阶段，也就是林道静在农村生活以及领导学生运动的情节。这三章的内容是在1960年重版时，杨沫结合各方意见增加的。曾有评论家认为这三章是败笔，与主线剧情游离且毫无作用。但实际上，用杨沫自己的话说，“这些变动的基本意图是围绕林道静这个主要人物，使她的成长更加合情合理、脉络清楚，使她从一个小资产阶级知识分子变成无产阶级战士的发展过程更加令人信服，更有坚定的基础”。毛泽东在20世纪30年代发表的专门讨论五四运动意义的《五四运动》中提到，“知识分子如果不和工农民众相结合，则将一事无成。革命的或不革命的或反革命的知识分子的最后的分界，看其是否愿意并且实行和工农民众相结合”。换句话说，正是之后补充的有关农村生活和监狱生活的内容，彰显了林道静在坚持共产党的领导这一根本要求之下，对人民至上命脉的把握、敢于斗争的品格以及自我革命的特质，完成了在精神上的“自我”超越。

案例二　从1952“上甘岭战役”到1956《上甘岭》①

2021年9月2日，109名中国人民志愿军烈士的遗骸以及1226件遗物回归了祖国的怀抱。自2013年中韩双方达成“在韩志愿军烈士遗骸归还中国”协议

① 参见白蔚《我行山川异、风烟英雄同：〈上甘岭〉与〈金刚川〉比较》，《湖南工业大学学报（社会科学版）》2021年第5期。

以来，在2014年至2020年的七年时间里，七批共716位在韩中国人民志愿军烈士的遗骸时隔七十多年终于回到了祖国。

1950年6月25日，朝鲜内战爆发。原本这只是朝鲜半岛的内战，但是美军从其全球战略和冷战思维出发，强势武装干涉朝鲜内战，派遣第七舰队入侵台湾海峡，并且多次不顾中国政府警告，一而再、再而三地越过“三八线”，将战火烧到中朝边境，严重危害了我国的国家安全。毛泽东把出兵朝鲜的决定电告在莫斯科的周恩来，出兵参战，“对中国，对朝鲜，对东方，对世界都极为有利；而我们不出兵，让敌人压至鸭绿江边，国内国际反动气焰增高，则对各方都不利”，“总之，我们认为应当参战，必须参战。参战利益极大，不参战损害极大”。

1950年10月8日，朝鲜政府请求中国出兵援助。中国应朝鲜政府的请求，作出“抗美援朝、保家卫国”的决策。抗美援朝战争，中美双方军事实力悬殊。中国人民志愿军基本上是依靠步兵和少量炮兵作战，武器装备十分落后；而对战的美军则是地面部队全部机械化，把握着战场的制空权和制海权，使用了除原子弹以外的全部先进武器。但即便在如此不对等的艰苦条件下，中国人民志愿军依然浴血奋战，与敌人殊死搏斗，哪怕用尽最后一颗子弹也依然坚守阵地，将中国军队不怕苦不怕死的战斗精神发挥到极致。习近平主席与基辛格博士讨论抗美援朝战争时，基辛格表示“困惑”，说中国军队缺乏后勤保障、空中支援，装备如此之差，居然没有“打输”。习近平主席告诉他：“我们靠的是一种革命的战斗精神，我们的战士是不怕你们的，无论拿什么武器，都敢与你们较量。”

上甘岭战役是1952年10月14日至11月25日中国人民志愿军与“联合国军”在上甘岭及其附近地区展开的一场著名战役，是抗美援朝战争中最惨烈的战役，对于整个局势的扭转至关重要。1952年10月14日，“联合国军”发动了自1951年秋季以来最大规模的以上甘岭地区为主的“金化攻势”，调集兵力6万余人，大炮300余门，坦克170多辆，出动飞机3000多架次，对志愿军两个连防守地约3.7平方公里的上甘岭阵地发起猛攻。志愿军防守部队进行了顽强抵抗，阵地多次失而复得。双方随后不断向上甘岭地区调集兵力和重武器，使上甘岭地区战事进一步扩大，由战斗发展为战役，由营、团规模发展到师、军规模。这场战役持续至11月25日结束。在43天的战斗中，志愿军与“联合国军”反复争夺阵地达59次，共击退“联合国军”900多次冲锋，最终守住了阵地，取得了胜利。这场战役的胜利彻底粉碎了敌人的“金化攻势”。这次战役之后，美军再也没有向志愿军发起过营以上规模的进攻，朝鲜战局从此稳定在北纬38度线上。

在这场举世闻名的战役里，中国人民志愿军表现出不畏艰险、顽强奋战的英雄精神及团结友爱的优秀品质，被称为“上甘岭精神”。毛泽东听闻上甘岭的英雄事迹后，亲自指示有关方面将上甘岭战役拍成电影，借以宣传教育人民。擅长军事题材片拍摄的长春电影制片厂承担了这一光荣任务。剧组人员实地考察五圣山时，尽管战场的硝烟早已散去，但山上的画面生动地展现了战场的残酷：光秃秃的山上看不到草木和动物，随便翻起一把土都能拣出几十颗弹壳，一截不到一米的树杆上嵌进了一百多个弹头和弹片。这些场景深深震撼了剧组的创作人员，使得他们更加坚定要拍好这部电影。

1956年，这部以抗美援朝战争为题材的电影《上甘岭》在全国上映，并引起热烈反响。电影《上甘岭》采取了传统的封闭线性的叙事方法，从八连接收上甘岭阵地开始，到八连把阵地移交给下一个连队结束。利用蒙太奇手法，表现了同一时间的不同空间——前线战斗和师部指挥所，既描绘了战壕的战斗，也表现了指挥部的紧张氛围，深情讲述了志愿军某部八连在连长张忠发的率领下坚守阵地，与敌人浴血奋战、殊死搏斗最终取得胜利的感人故事。在创作上，受时代背景和技术限制，电影回避了敌我双方正面的对抗，并没有拍摄成全景式的战争史诗，而是把故事和镜头聚焦在了一个坑道、一个连队上，着重描绘了八连在异常艰苦的条件下坚守坑道24天的故事，“以小见大”地展现出人民志愿军大无畏的英雄气概。之所以选择坑道战，是因为坑道战是上甘岭战役中最惨烈、最艰难的战斗。据一位在坑道里待了20天的15军45师摄影员回忆：“坑道里被炸得一直在掉土，没有任何亮光，空气混浊。坑道里大小便不能及时处理，烈士的遗体不能及时掩埋，硝烟味、硫黄味、血腥味、屎尿味弥漫在坑道里，让人窒息。坑道里最缺的是水，压缩饼干根本就咽不下去。有的时候甚至要喝尿，但因没水喝，尿也很少啊……有一个坑道，十多名战士直到饿死，还端着冲锋枪守在坑道口。”志愿军战士在这样艰苦的环境中，以崇高的精神和坚定不移的意志战胜了常人难以想象的困难。这样的叙事虽然没有正面描写战争的残酷，弱化了战争的壮烈给观众带来的视听沉浸感受，但是并没有稀释观众的情感，反而将观众引向对人物命运的关切和精神价值的体认，使观众产生强烈的情感冲击和心理震撼。

在人物塑造上，从师长、连长、指导员、班长到卫生员和普通战士，主创团队力求把每个人物塑造得饱满真实，既可亲又可敬。影片中的八连连长张忠发是电影中重点塑造的角色，但这并不意味着他被打造成了一个完美的英雄符号。实际上，张忠发在影片中是一个有“瑕疵”、个性鲜明的英雄形象：不怕牺牲、勇敢战斗、身先士卒，有自己的个性和特色。张忠发一紧张就要喝水，战斗越激烈越爱喝水，因此跟随他的杨德才总是随身背着两个水壶。他看到接连派出几个战士都未能顺利炸毁敌人火力点，便不顾自己指战员的身份，亲自冒险上阵。虽然最后立功了，但依然受到了连支部的批评。生动的叙事和饱满的故事情节使得影片中集体主义的英雄群像里，依然存在着个性鲜明的角色，充分展现了志愿军战士丰富的人性内涵——鲜明的民族立场、战友之间的兄弟情谊与严格的组织纪律相统一，昂扬的斗争精神与饱满的家国情怀相统一，党性与人民性相统一。

电影主题曲《我的祖国》更是这部影片的点睛之笔。在战斗间隙，八连的战士们在坑道中休息，卫生员王兰在照顾伤病员的时候，演唱了主题曲《我的祖国》。这是影片中最为华美的抒情段落，它的歌词唱道

"朋友来了有好酒，豺狼来了有猎枪"，以唯美浪漫的"声画对位"方式，营造诗意抒情的博大意象，伴着优美却有力的女声吟唱，对应闪过奔腾的黄河渡口、险峻的长江三峡、巍峨的万里长城、秀丽的桂林山水等镜头，表达了江山如此多娇和对祖国深沉的热爱，清晰地传达了战争的目的是保卫祖国，反对武装侵略。

《上甘岭》上映至今已经六十多年了，是当之无愧的红色经典电影。当年全国公映时，就有评论表示，"它与同时期世界各国战争名片相比并不逊色"。在庆祝新中国成立七十周年成就展中一块介绍优秀影片的展板上，《上甘岭》位列其中。在由中国电影文学学会组织的新中国成立七十周年优秀电影剧本和典型人物形象表彰大会上，《上甘岭》位列榜首。

案例启示

1. 家国一体，从个人成长出发为国家发展添砖加瓦

中国共产党百年奋斗的历史经验可以从每一个共产党员的身上窥见一些缩影。《青春之歌》中的林道

静从一名普通的知识分子一路成长为坚定的共产主义战士，其过程实际上就伴随着共产党发展壮大的历史。她始终朝着马克思主义的方向，坚持党的领导、人民至上，和工农兵群众打成一片，逐步树立坚定的共产主义信仰和理念。习近平总书记强调，“要教育引导全党胸怀中华民族伟大复兴战略全局和世界百年未有之大变局，树立大历史观，从历史长河、时代大潮、全球风云中分析演变机理、探究历史规律”。在宏观层面上，党的历史经验是着眼第二个百年奋斗目标、对“未来我们怎样才能继续成功”的根本保障。在微观层面上，党的历史经验也是每一个共产党员成长发展的基本要求。作为一名共产党员，要坚持党的领导，在思想上、政治上、行动上同党中央保持高度一致。在工作中以“为人民服务”为己任，坚持以人民为中心的工作导向，坚持群众路线，深入基层开展调查研究，找准找实群众最关心、最现实的利益问题，抓住群众最困难、最忧虑、最急迫的实际问题，积极和人民群众交流，遇到问题有效沟通、及时解决、跟踪完善，真正把“十个坚持”转化为日常工作中的实际行动，为第二个百年奋斗目标贡献自己的力量。

2. 红色经典形象再现党的历史经验和实践创造

相比纸质阅读静态的文字，影像呈现的方式在视觉和听觉方面都有所扩展，动态的画面和如同身临其境的音效成为书写和展现党的历史经验和实践创造的生动载体。在我国电影发展的历史过程中产生了一大批优秀的导演和佳作。在20世纪五六十年代，文艺工作者拍摄了许多优秀的红色题材电影，有些是对红色经典文学的改编。案例中的《上甘岭》以上甘岭战役为创作内容，以一场战役展现了战争的残酷以及共产党人英勇斗争、不畏牺牲的英雄形象。徐克导演拍摄的《智取威虎山》以红色经典小说《林海雪原》为蓝本，讲述了解放战争初期，东北联军一支小分队在团长少剑波的带领下，深入林海雪原执行剿匪任务，侦察兵杨子荣与座山雕匪帮斗智斗勇的故事。党的历史经验和实践创造是对第一个百年奋斗历程中“过去我们为什么能够成功”的深刻总结，这些红色电影，相比文学能够更加生动直观地展示我党百年奋斗历程中的典型个案和具体细节，可以帮助理解党的历史经验和实践创造从何而来、具体内容及如何坚持。

小　　结

党的十九届六中全会通过的《中共中央关于党的百年奋斗重大成就和历史经验的决议》指出，“全党要坚持唯物史观和正确党史观，从党的百年奋斗中看清楚过去我们为什么能够成功、弄明白未来我们怎样才能继续成功，从而更加坚定、更加自觉地践行初心使命，在新时代更好坚持和发展中国特色社会主义”。阅读红色经典是了解党的历史、读党的故事的有效途径之一。红色经典与生俱来地承载着马克思主义的真理基因，歌颂了中国共产党的百年奋斗历程，从这个意义上讲，中国共产党的百年历史也是一部恢宏的红色经典史诗。透过这部红色史诗，人们清晰地了解到党的奋斗历程和伟大成就、党的光荣传统和优良作风、党的历史经验和实践创造。

文化兴则国家兴，文化强则民族强。红色经典是中国共产党始终坚持以马克思主义为指导，将马克思主义基本原理同中国具体实际相结合、同中华优秀传统文化相结合，建设民族的、科学的、大众的社会主义文化的生动反映，激励中国共产党和中国人民为追求独立、解放、幸福而不懈地奋斗。《红星照耀中国》

《那年那兔那些事儿》《地球的红飘带》《鸡毛信》《星火燎原》《青春之歌》《上甘岭》……一部部广为流传的红色经典以文字、动画、绘画、电影等多种形式记载了中国共产党人的百年初心，一个个或质朴、或深情的故事讲述着中国共产党为人民谋幸福、为民族谋复兴的不懈追求。今天，面对中华民族伟大复兴战略全局和世界百年未有之大变局，阅读红色经典，不仅要读党史，发挥红色经典培根铸魂的功能，还要学习共产党人的精神，用红色经典中的革命精神和信仰力量武装头脑，不断满足人民群众的精神生活需求，不断增强人民群众的文化自信。

第二章

读根据地的故事

概　述

革命圣地、红色旧址、革命历史纪念场所等一个个镌刻着红色记忆的土地，成为中国共产党人永不枯竭的精神家园。党的十八大以来，习近平总书记多次走进红色基地场馆，重温红色革命故事，接受红色精神洗礼。2012年12月29日至30日在拥有光荣革命历史的、我党我军历史上创建的第一块敌后抗日根据地（晋察冀根据地）的首府阜平考察；2013年7月11日至12日在河北调研，并前往西柏坡革命圣地；2013年11月24日至28日在山东考察时指出，在沂蒙这片红色土地上，诞生了无数可歌可泣的英雄儿女，沂蒙六姐妹、沂蒙母亲、沂蒙红嫂的事迹令人感动；2015年2月13日至16日春节前夕赴陕西看望慰问广大干部群众时指出，以照金为中心的陕甘边革命根据地，在中国革命史上写下了光辉的一页，要加强对革命根据地历史的研究，总结历史经验；2016年2月1日至

3日春节前夕赴江西看望慰问广大干部群众时指出，井冈山是革命的山、战斗的山，也是英雄的山、光荣的山，每次缅怀革命先烈，思想都受到洗礼，心灵都产生触动；2016年7月20日在宁夏考察工作结束时提到红军长征和西征都曾转战宁夏，之后宁夏人民又为陕甘宁革命根据地、陕甘宁边区建设，为抗日战争、为中国革命胜利作出了重要贡献；2017年4月21日在广西考察工作结束时提到广西是革命老区，邓小平、张云逸、韦拔群等老一辈革命家在这块红色土地上领导了百色起义和龙州起义，建立了左右江革命根据地；2017年10月31日瞻仰了上海中共一大会址和浙江嘉兴南湖红船；2019年9月16日至18日在河南考察的第一站就是鄂豫皖苏区首府烈士陵园，强调革命博物馆、纪念馆、党史馆、烈士陵园等是党和国家的红色基因库，告诫全党同志不能忘记红色政权是怎么来的、新中国是怎么来的、今天的幸福生活是怎么来的，就是要宣示中国共产党将始终高举红色的旗帜，坚定走中国特色社会主义道路，把先辈们开创的事业不断推向前进；2019年11月3日在上海考察工作结束时讲到，上海是我们党的诞生地，党成立后党中央机关长期驻扎上海；

2021年6月25日下午，带领中央政治局同志来到北大红楼，参观“光辉伟业　红色序章——北大红楼与中国共产党早期北京革命活动主题展”，强调北大红楼和丰泽园在党的历史上都具有标志性意义，生动诠释了中国共产党是怎么来的、中华人民共和国是怎么来的，为人们上了一堂鲜活而又生动的党史课；2021年9月13日，在陕西考察时来到杨家沟革命旧址，追忆革命历史，缅怀革命先辈丰功伟绩。

从西柏坡革命圣地到沂蒙革命老区，从陕甘边革命根据地到井冈山革命根据地，从一大会址到鄂豫皖苏区首府烈士陵园，从北大红楼到杨家沟革命旧址……习近平总书记到地方考察，都要瞻仰对我们党具有重大历史意义的革命圣地、红色旧址、革命历史纪念场所，重温革命历史，缅怀革命先烈。

红色经典以文本、影像、动漫等多种形式客观记录、真实还原或生动再现了具有重大历史意义的红色基地场馆。杜鹏程创作的长篇小说《保卫延安》以著名的延安保卫战为中心，讲述了延安遭遇国民党二十多万大军进攻，中国人民解放军的一个纵队奉命从山西出发，渡过黄河去保卫延安，描绘了形势严峻、规模宏大的战争场面，塑造了上至高级将领、下至普通士兵的人民解放军形象，揭示了我党的英明决策指挥，赞美了人民解放军的无坚不摧。由中国电视剧制作中心有限责任公司出品的革命历史题材电视连续剧《井冈山》讲述了1927年大革命失败后，为保存和发展革命力量，毛泽东作出战略决策，放弃攻打长沙而退守文家市，率部转向敌人控制比较薄弱的井冈山，进而开辟了井冈山革命根据地的故事，再现了“农村包围城市、武装夺取政权”的中国革命道路初现雏形的历史过程。读红色经典，就是要读这些有着红色记忆的土地上的故事，通过红色经典延续对于革命圣地、红色旧址、革命历史纪念场所的记忆，从而加深对革命历史的深刻感受以及对当下美好生活的珍惜。

第一节　革命圣地

2013年7月11日，习近平总书记在参观西柏坡纪念馆时表示，西柏坡曾来过多次，每次都怀着崇敬之心来，带着许多思考走。对我们来讲，每到井冈山、延安、西柏坡等革命圣地，都是一种精神上、思想上的洗礼。每来一次，都能受到一次党的性质和宗旨的生动教育，就更加坚定了我们的公仆意识和为民情怀。目前我国公认的革命圣地有五个，分别是嘉兴、井冈山、遵义、延安和西柏坡。在这些地方发生的故事，基本串联起了中国革命的全貌。

在嘉兴，中共一大在此召开，标志着中国共产党正式成立，播撒了中国革命的火种。在井冈山，中国工农红军创建了中国第一个农村革命根据地，开辟了“农村包围城市、武装夺取政权”的革命道路，是马克思主义中国化的经典之作。在遵义，1935年遵义会议的召开在极端危急的历史关头挽救了党、挽救了红军、挽救了中国革命，成为中国共产党历史上一个生死攸关的转折点，也是中国共产党第一次独立自主地运用马克思列宁主义基本原理解决自己的路线、方针和政策方面的问题。在延安，党中央在这里战斗了十三个春秋，领导了抗日战争和解放战争，培育了延安精神，诞生了毛泽东思想，奠定了中华人民共和国的基石。在西柏坡，这里是党中央进入北平解放全中国的最后一个农村指挥所，在此指挥了决定解放战争走向的辽沈、淮海、平津三大战役，召开了具有重大历史意义的七届二中全会和全国土地会议，解放全中国，可以说“新中国从这里走来”。

革命圣地一开始只是中国辽阔国土上的一个小城市甚至小村镇，是这里发生的伟大故事使这片土地变得与众不同，承载了厚重的红色记忆。红色经典中记载了许多这样震撼人心、惊心动魄的故事，阅读红色经典，可以触及革命圣地的精神内核，理解圣地何以为“圣”。

案例一 《保卫延安》[①]

1935年10月，中共中央和中央红军顺利到达吴起镇，延安成为中国革命的落脚点和出发点。党中央和毛泽东、周恩来等老一辈革命家在这里生活战斗了十三个春秋，领导了抗日战争和解放战争，红色精神在这片土地上生根发芽，马克思列宁主义在这里实现

① 参见李宗刚《论〈保卫延安〉的英雄理念及英雄叙事》，《山东社会科学》2004年第9期；参见仲呈祥、张金尧《虚实有度 自成高格——评电视剧〈保卫延安〉》，《当代电视》2009年第7期。

了同中国实际相结合的第一次历史性飞跃，诞生了毛泽东思想，奠定了中华人民共和国的基石。

延安保卫战是解放战争时期中国共产党抵御反击国民党进攻的一场战役。解放战争时期，延安是中共所在地，被誉为“革命圣地”。这片土地吸引着无数热血青年和爱国民主人士，但是也成了国民党的眼中钉、肉中刺。1947年，国民党为了攻占延安，摧毁党中央指挥中枢，在西北地区集结了二十多万人的兵力，声称要在三天之内攻取延安，而由彭德怀将军率领的西北野战军仅有几万人。在人数、装备都处于劣势的情况下，党中央根据敌我态势决定先诱敌深入，适时放弃延安，在延安以北的山区创造战机，逐步消灭国民党军有生力量。由于战术运用得当，战事按照预期发展。

杜鹏程曾是西北野战军第二纵队独立第四旅第十团二营六连的一名随军记者，在参与了延安保卫战的全过程后，这场艰苦卓绝的战役给他的内心带来深深的震撼，于是他决定“要用笔反映这场伟大的人民战争，歌颂毛主席战略思想的伟大胜利”，随后以此段经历为蓝本，创作了当代文学史上第一部大规模正面描写解放战争的优秀长篇小说《保卫延安》。

《保卫延安》全面描绘了从1947年3月到7月的延安保卫战，生动展现了解放军在延安保卫战中从战略相持转向战略反攻的历史阶段。作品以我军主力纵队的一个连所参加的青化砭、蟠龙镇、榆林、沙家店等战役为主线，塑造了连长周大勇、士兵王老虎、孙全厚等坚定、勇敢的英雄形象。在情节展开上，主要有三条故事线。一是中国共产党领导的决策活动：从毛泽东、周恩来、彭德怀的运筹帷幄、用兵如神，到周大勇连队的出生入死、英勇搏斗。二是国民党军队长官以及士兵的活动：从蒋介石、胡宗南坐镇西安指挥到普通国民党士兵的战斗溃败。三是以李振德祖孙三代为代表的陕北人民的游击战争与支援物资活动。这三条故事线中，以共产党将士的英勇战斗为主线，由此反映延安保卫战的错综复杂格局和全国其他战场的全貌。杜鹏程并不只是单纯讲述延安保卫战的历史，而是在故事里展现这片土地上所孕育的精神。延安并不只是一个单纯的地名，是党中央所在地，更是中国革命的核心，是党的火种。延安保卫战保卫的不只是一座城，更是中国共产党的信仰。信仰坚定，战斗才会一往无前。读保卫延安的故事，实际上就是再次重温延安精神的强大力量。

《保卫延安》在2009年经导演万盛华拍成同名电视剧《保卫延安》，利用视听语言的优势，将小说中抽象的描写生动展现出来，无论是环境氛围还是人物塑造，都具有极强的感染力。原著中关于刘胡兰为保守党的秘密而被敌人铡下头颅的英雄故事几无着墨，而电视剧中则是采用这样的镜头：任弼时向毛泽东报告，当说到“她还是一个孩子……”时，作为革命领袖的毛泽东，轻轻地摆摆手，满含热泪地疾书：生的伟大，死的光荣！此时音乐响起，画面硝烟弥漫，而人物基本没有对白。此处运用视听语言特有的表现手法，完全达到了“于无声处听惊雷”的艺术效果。电视剧的改编非常成功，在2009年获得第四届CCTV电视剧群英汇年度最佳电视剧以及第十一届全国精神文明建设“五个一工程”优秀作品奖。

电视剧《保卫延安》之所以能吸引人、鼓舞人，很大程度得益于原著已有的思想深度和艺术价值，而这与杜鹏程丰富真切的战斗生活经历密不可分。新中国成立前杜鹏程在农村、工厂、部队的生活经历，为他后来的创作提供了丰富的素材。只有深入群众、具有丰富生活经历的作者，才能讲述好革命圣地的历史故事，创作出鲜活生动的人物形象，把握好历史的必然规律和精神内核。

案例二 《长征记》之遵义[1]

1935年，党中央在遵义召开了著名的“遵义会议”，成为党的生死攸关的转折点，遵义也因此被称为“转折之城，会议之都”，并成为革命圣地。《长征记》是由军事科学院资深专家曲爱国、张从田所著的军事文学著作，从宏观到微观，从全景到特写，全面记录了长征这一人类历史上罕见的军事奇迹。遵义是长征途中的重要一站，将遵义放在整个长征旅途的大背景中观照，可以更加深切地感受到遵义会议对于党中央的历史重要性，理解“转折点”这一深刻含义。

《长征记》按照长征的历史脉络，用五编二十七章，详细叙述了中央红军，红二、红六军团，红二十五军，红四方面军艰苦的长征历程。第一编“闯关夺隘突重围”，用六章内容讲述了遵义会议之前，红军

① 参见人民网《长征记》相关介绍文章。

遇到的艰难险阻。1934年1月中共六届五中全会以后，在党内和根据地的各项工作中，王明“左”倾冒险主义得到变本加厉的推行。在这种错误领导下，第五次反“围剿”失败了，迫使红军放弃建设许久的革命根据地，开始长征。长征初期，“左”倾教条主义者从进攻中的冒险主义变成退却中的逃跑主义，并且把战略转移变成搬家式的行动，部队的行军速度非常缓慢，使得蒋介石集团有充分的时间调集兵力，对红军实行围追堵截，红军在突围过程中损失惨重。再加上战略决策失误，红军从长征初期的8.6万人经过湘江战役后锐减到3万人。西进的红军笼罩在压抑、悲伤、愤懑的气氛之中，许多干部士兵对博古、李德的军事指挥完全丧失了信心。而此时，博古尽管自责，却依然坚持将富有战争经验的毛泽东等人排除在军事领导圈之外。好在后续召开的通道会议、黎平会议和猴场会议三场会议不仅确认了红军进一步的军事战略，更重要的是毛泽东的军事策略得到了更多人的认同。

有关遵义会议的内容主要集中在第二编的第七章“历史性的会议”。红军进入遵义后，在休整队伍的同时，发动群众、建立根据地的工作也全面展开。在党中央的统一部署下，红军各军团深入群众、宣传党的方针政策，发动群众进行土地革命，组织武装，建立政权。仅仅在遵义地区，就有四千余人加入了红军，这一切都为遵义会议的召开提供了有利的环境。

1935年1月15日至17日，中共中央政治局在遵义老城的一个大房间里召开扩大会议，会议的主要议题是总结第五次反“围剿”的经验教训。毛泽东同志在会上作了重要发言，着重批判了第五次反“围剿”和长征以来博古、李德在军事指挥上的错误，以及博古在总结报告中为第五次反“围剿”失败辩护的错误观点。作者在书中详细介绍了会议的来龙去脉，小到会议的座位布置，大到毛泽东议题的由来都有描写。

这场会议的最大功绩在于改变了中共中央的领导，取消了“三人团”，开始确立毛泽东在党和红军的领导地位，从此逐步确立起以毛泽东为核心的第一代领导集体，从组织上保证了党的正确路线和政策的贯彻执行，奠定了红军长征和中国革命胜利的基础，开创了中国共产党独立自主领导中国革命的先河，开启了我党独立自主探索中国革命正确道路、实现马克思主义中国化的新征程。

《长征记》讲到这里还没有结束。遵义是长征中浓墨重彩的一笔，在遵义稍作修整，红军部队还要继续前行，蒋介石集团依旧在想方设法围追堵截红军部队。尽管此时红军队伍与国民党的兵力对比不足1∶10，但红军再也不是步履蹒跚的“大搬家”队伍，而是一支机动灵活、英勇作战的队伍，红军重新有了自己的英明统帅。

该书为了让读者全面了解长征的有关知识，更好地理解长征这段历史，每章最后都特设“背景资料”栏目，从档案文献和老红军的回忆录以及有关纪实材料中摘取精华，对重要的名词、战斗、事件和人物进行介绍，从而使整个故事脉络清晰，内容丰富，通俗易懂，有很强的可读性。

案例启示

1. 从革命圣地汲取信仰的力量

延安作为革命圣地，孕育了延安精神这一伟大革命产物。延安精神是红色革命精神之一，主要包括：实事求是、理论联系实际的精神，全心全意为人民服务的精神和自力更生、艰苦奋斗的精神。延安精神并不是凭空而出，这离不开共产党在延安的奋斗历程。在延安，无数红军全心全意为人民解放而英勇斗争，只为不辜负对党的信仰，在敌我力量悬殊之下，以血肉之躯铸造战役的胜利。延安精神在今天依然有着重要的现实意义，引导和哺育我们牢固树立马克思主义的世界观和方法论，牢固树立全心全意为人民服务的宗旨，激励着一代又一代中国共产党人为实现民族独立、人民解放和共产主义远大理想而接续奋斗。

2. 在历史的大背景下领悟革命圣地精神

遵义会议一直被誉为我党生死存亡之际的重要转折点，阅读红色经典，回到历史的现场，我们能够更加清晰这一事件在我党发展历程中的重要性，理解遵义被称为革命圣地的深层次含义，也可以了解到遵义会议并不是一次会议就解决了所有的问题，而是经过一系列会议，在既团结又斗争、既民主又交锋中达成共识。习近平总书记在贵州考察时表示，遵义会议作为我们党历史上一次具有伟大转折意义的重要会议，在把马克思主义基本原理同中国具体实际相结合，坚持走独立自主道路、坚定正确的政治路线和政策策略、建设坚强成熟的中央领导集体等方面，留下宝贵经验和重要启示，我们要运用好遵义会议历史经验，让遵义会议精神永放光芒。面对百年未有之大变局，我们要时刻保持清醒和坚定，坚持独立自主，不断增强“四个自信”，才能科学应变、主动应变，战胜一切困难和挑战，不断开辟新天地、创造新奇迹。

第二节 红色旧址

我国登记革命红色旧址、遗址33315处，其中全国重点文物保护单位477处。相比于革命圣地的光辉，红色旧址更像是中国共产党在领导革命时，在全国各地留下的星火。星星之火，可以燎原。这些红色旧址遍布全国各省份，从反映重要历史事件的遗址遗迹到革命领袖、爱国人士的故居、旧址，它们曾经是革命的足迹，现在是珍贵的地方红色文化资源。

红色经典记载了许多红色旧址波澜壮阔的历史，经典油画《西柏坡中共中央旧址》以细腻的笔触描绘出这片红色土地的与众不同；小说《红日》中讲述的莱芜战役、孟良崮战役，则是发生在莱芜战役指挥所旧址、孟良崮战役遗址上的革命故事；电影《血战湘江》讲述的是发生在湘江战役遗址上的、长征中最惨烈的一场战役——湘江战役，经此一战，红军人数锐减到三万人，元气大伤；经典歌舞剧《井冈山的道路》则讲述了中国共产党建立第一个农村革命根据地的故事，优美的歌声唱出了曾经发生在茅坪八角楼革命旧址群的一系列故事，深情表达了人民群众对毛主席的歌颂和对中国共产党的拥护与爱戴。和平年代的红色旧址仅仅是参观的场所，但是在革命战争年代，这里或是党支部的活动场所，或是党中央的指挥所，或是重大战役的拼杀战场，阅读红色经典，能够让我们跨越时空，深入了解红色旧址过去的故事，品味红色革命精神。

案例一　油画《西柏坡中共中央旧址》[①]

1948年党中央移驻西柏坡，周恩来总理评语道："西柏坡是党中央毛主席进入北平解放全中国的最后一个农村指挥所，指挥三大战役在此，开党的七届二

① 参见周喜俊《吴冠中与西柏坡》，《光明日报》2019年7月5日。

中全会在此。”新中国成立前夕，毛泽东在西柏坡深情告诫全党，“夺取全国胜利，这只是万里长征走完了第一步。如果这一步也值得骄傲，那是比较渺小的，更值得骄傲的还在后头”，“中国的革命是伟大的，但革命以后的路程更长，工作更伟大，更艰苦”。回望百年光辉历程，谦虚谨慎已融入中国共产党人的红色血脉，成为我们党在革命、建设、改革的重大转折关头保持头脑清醒、战胜一切困难的重要品质。

1972年，中央工艺美院教授吴冠中受邀来到西柏坡作画，创作了著名的油画《西柏坡中共中央旧址》。这幅画创作年代久远，画布颜色已发灰，但依旧保存完好。画面是革命圣地西柏坡中共中央旧址的秋景，背景是以柏坡岭为中心的连绵群山，主体是白墙合围、静谧庄严的西柏坡中共中央旧址大院，前景是静谧的柏坡湖、船只、酸枣树、松柏树、白杨树等景物。扎着白羊肚毛巾的农民和穿着各种颜色衣服的小学生在中共中央旧址前行走活动，具有明显的时代特色。这幅作品布局均衡、用色淡雅清新、意境明朗空灵，藏情于景，淋漓尽致地表现出西柏坡这个小山村的深刻内涵。在这个小山村里，中国共产党密切联系群众，深入群众，与当地居民相处十分和睦。

实际上，这幅画中的中共中央旧址是原址的复制品，真正的中共中央旧址已经被淹没在湖底。滹沱河水患频繁，严重威胁两岸人民生命财产安全。只有在西柏坡附近修一座水库，才能使这里的人民免遭劫难。在水库选址时，两套方案中的岗南水库虽然能达到根治水患的目的，但这样一来，西柏坡和东柏坡以及周围20个村庄都需要搬迁，中共中央旧址也在搬迁范围之内。事关重大，于是当地政府请示中央决定。毛主席了解情况后，亲自批准了修建水库的请示，并表示根治水患是造福后代的好事情。就这样，1958年，国务院批准修建岗南水库，并指示河北省有关部门认真做好中共中央旧址的登记、测绘、拍照和文物保护工作，为以后旧址复建做好准备。后来复建的中共中央大院，距离原址500米，海拔高于原址57米，旧址布局结构和所有建筑以及周围环境，基本恢复了原来的面貌。

吴冠中在了解到这些情况之后，从内心深处感慨毛主席的伟大。“小山村、大中国”就是吴冠中此次创作油画的灵感核心，农家院里砸碎旧世界，小山村迎来了新中国。如今的《西柏坡中共中央旧址》被作为文物妥善地保存着。

案例二 《八角楼的灯光》[①]

2016年，习近平总书记在视察江西时表示，井冈山是革命的山、战斗的山，也是英雄的山、光荣的山，每次来缅怀革命先烈，思想都受到洗礼，心灵都产生触动。回想过去那段峥嵘岁月，我们要向革命先烈表示崇高的敬意，我们永远怀念他们、牢记他们，传承好他们的红色基因。

在江西省井冈山茅坪村，有一栋土砖结构的两层楼房。因为屋顶有一个八角形的天窗，人们把它称为“八角楼”。“神州风云笔下起，五湖四海红旗扬……从北方，到南方；从湘江，到赣江。红旗卷起农奴戟，天翻地覆慨而慷。”这首《八角楼的灯光》在20世纪60年代广为流传。这首歌是反映井冈山革命斗争历史的大型歌舞剧《井冈山的道路》中第七场《星火燎原》中的歌曲，具有很强的歌剧性、故事性，曲调优美、旋律动听、歌词感染力强，具有很高的艺术欣赏价值和历史价值。作品歌唱了毛泽东建立革命根据地，以农村包围城市，“星星之火，可以燎原”的

① 参见海华《八角楼里一盏灯，照亮革命万里程》，《求是》2012年第4期。

宏大战略思想。全曲富于变化，音乐形象鲜明传神，优美动听，虽时隔四十多年，依旧激情澎湃、荡气回肠，很能打动听众。

“天上的北斗星最明亮，茅坪河的水啊闪银光。”1927年9月9日，毛泽东领导和发动湘赣边界秋收起义，但由于敌我力量悬殊，秋收起义失败了。此时摆在毛泽东面前的严峻问题是：把剩下的人带到哪里去，中国革命向何处去？在讨论工农革命军去向问题的前委会议上，毛泽东说服大家放弃继续攻打长沙的计划，带着队伍转向敌人统治力量相对薄弱的农村、山区，寻求落脚点，以保存实力，再图发展。秋收起义队伍艰苦转战一个多月，终于将红旗插上了井冈山，创建了中国第一个农村革命根据地——井冈山革命根据地。但当时红军的危机并没有解除，仍然处于敌人的包围之中，面对敌人频繁的进攻和严密的封锁，不少人的思想信仰开始动摇，感到革命前途渺茫，甚至发出了“红旗到底打得多久”的疑问。

歌词第二、三句“井冈山的人哎，抬头望哎，八角楼的灯光哎，照四方。八角楼的灯光哎，照四方哎，我们的毛委员在灯下写文章”既写出了井冈山群众对毛主席的爱戴，也塑造了一位笔耕不辍、勤奋自律的领导人形象。每当夜晚来临，八角楼便会亮起灯光。毛主席在这微弱的灯光下奋笔疾书，写下了两篇对中国革命影响深远的著作——《中国的红色政权为什么能够存在?》《井冈山的斗争》，提出了“工农武装割据”思想，照亮中国革命的征程。

《中国的红色政权为什么能够存在?》是1928年毛泽东为中共湘赣边界第二次代表大会起草的会议决议的一部分。文章中指出：“一国之内，在四围白色政权的包围中，有一小块或若干小块红色政权的区域长期地存在，这是世界各国从来没有的事。这种奇事的发生，有其独特的原因。”毛泽东总结了湘赣边界斗争的经验，并针对党内存在的右的和“左”的思想倾向，从五个方面回答了红色政权能够长期存在并发展的原因：1. 中国是一个政治经济发展极不平衡的半殖民地半封建的大国，反革命营垒内部不统一并充满矛盾，因而使许多农村小块革命根据地能够在反革命政权的包围下产生、坚持和波浪式地向前扩大。2. 经过第一次大革命影响和锻炼的工农兵，为建立革命军队和红色政权准备了良好的群众基础。3. 中国革命形势是跟着国内买办豪绅阶级和国际资产阶级的继续分裂和战争而向前发展的。这就为小块红色区域的长期存在和发展，提供了客观依据。4. 相当力量的正式红军的存在，是红色政权存在的必要条件。5. 共产党组织的有力及其政策的正确，是红色政权长期存在和发展的关键条件。《井冈山的斗争》则是毛泽东在1928年11月给党中央写的工作汇报，主要为了向中央全面反映井冈山斗争的情况，更加系统地阐述了实行“工农武装割据”的思想，力争取得中央的理解和支持。

最后几句“八角楼的灯光哎，是黎明的曙光哎，驱散了漫天云雾哎，映红了天空海洋哎，照亮了革命者的心哎，给人民带来希望”不仅是对毛主席的热情赞美，更是对中国共产党的拥护以及对革命信仰的支持，是井冈山精神的真实写照。习近平在考察江西时表示，井冈山道路是马克思主义中国化的经典之作，从这里革命才走向成功。行程万里，不忘初心。

案例启示

1. 通过红色旧址了解地方红色文化

红色旧址凝结了地方的革命战斗历史，大多是历经炮火后的幸存品，具有极强的参观价值和学习价值。在革命战争年代，基于共同的革命信仰和总体的战斗布局，各地共产党人、各地方根据地和地方武装力量呼应，以多种方式参与和支持全国革命，为全国的胜利奠定了基础。西柏坡曾经是党中央的指挥中枢所在地，对于中国革命历史的重大意义显而易见。分散在全国各地比如广东、湖北、山东、山西等地的红色旧址则是当地壮烈革命历史的最好见证。学习党史，不仅要学习全国的党史，更要通过红色旧址学习地方的革命历史，注意挖掘和弘扬地方独具特色的红色故事和革命基因，以地方的革命历史补充、丰富全国的革命叙事。当红色革命故事嵌套进地方普通人的生活之中，甚至与血缘关系或者地缘关系相联结，红色精神就可以与当下生活着的每一个人的生命和情感发生联系，从而让中国革命故事在全国各地开花结果，深入人心。

2. 从音乐作品中品读红色故事

一首《八角楼的灯光》传唱多年，唱不尽的是对党的爱戴和对毛主席的歌颂。我国的音乐创作者们在过去几十年里创作了大量的红色经典歌曲，有像《八角楼的灯光》这样讲述红色旧址故事的，也有如《唱支山歌给党听》这样歌颂共产党的红歌。每一个中国人几乎都会哼唱几句《唱支山歌给党听》，这首歌自推出后影响深远，许多向党和国家献歌的音乐会都以该曲命名或者作为开幕演唱曲目。红色经典歌曲是中华民族的宝贵精神财富，能够催人奋进，激发爱国情怀。演唱红色歌曲，唱出的不仅是优美动听的旋律，还是代代弘扬传递的爱国情操和红色基因。在阅读红色经典的同时，不要忽视音乐在讲红色故事、铸革命信仰方面的作用，可以通过举办音乐会对红色歌曲进行集中展示与传唱，一方面再现革命历史，另一方面引领人们接受红色文化的熏陶，培养爱国情怀。

第三节　革命历史纪念场所

中华人民共和国文化部颁布的《革命纪念馆工作试行条例》总则指出“各类革命纪念馆是为纪念近、现代革命史上重大事件或杰出人物并依托于有关的革命遗址、纪念建筑而建立的纪念性博物馆，是有关的革命遗址、纪念建筑和文物资料的保护收藏机构、宣传教育机构和科学研究机构”。

作为重大历史事件或重要历史人物的纪念场所，革命纪念馆承载着对不同时期中国革命历史的宣传功能，是挖掘红色资源、传播红色文化、弘扬红色精神、培育社会主义核心价值观的重要窗口和载体。2014年和2015年，国务院公布了两批国家级抗战纪念设施、遗址名录，共计180处，分散在各省份之中。这些革命纪念场所有的是革命烈士陵园，比如北京的平北抗日烈士纪念园、山东的华东革命烈士陵园，有的是重大历史事件的纪念性博物馆，比如中国人民抗日战争纪念馆、“九一八”历史博物馆、抚顺平顶山惨案纪念馆、西安事变纪念馆等。

案例一　南湖革命纪念馆　美术经典里的“红船”①

1921年7月23日晚，中国共产党第一次全国代表大会在上海法租界望志路106号（今兴业路76号）开

① 参见陈彪《美术经典里的“红船”》，湖南文艺网2021年8月20日。

幕。当时全国共有50多名党员。国内各地党组织和旅日党组织共派出13名代表出席会议。共产国际代表马林和尼克尔斯基出席了这次会议。7月30日晚因遭到上海法租界巡捕袭扰，代表们商定最后一天的会议改在浙江嘉兴南湖的游船上举行。中共一大会址和嘉兴南湖红船是中国共产党梦想起航的地方。中国共产党从这里诞生，从这里出征，从这里走向全国并成为执政党。1952年9月，上海中共一大会址经修复建成纪念馆并对外开放。南湖革命纪念馆新馆于2006年6月28日由时任浙江省委书记习近平奠基，2011年纪念建党90周年前夕落成开放。纪念馆设在南湖湖心岛。

这条“红船”承载着中国共产党人的光荣与梦想，美术工作者们以绘画的形式记录、再现了中国共产党成立的这一历史时刻，以史为鉴，不忘初心，牢记使命。

何红舟、黄发祥于2009年创作的油画《启航——中共一大会议》采用了写实主义的手法，再现了中共一大南湖会议的历史瞬间。其实，关于中共一大没有留下任何影像资料，两位画家为了能最大程度还原历史真实，多次实地调研，几易画稿。在构图上，毛泽东处于中心位置，他身着蓝色长衫，站在船头回首眺望，显得意气风发，是整组人群中的视觉焦点。中共一大召开前，嘉兴正好有台风过境，因此两位画家也把乌云压顶的场景还原到画作之中。乌云压顶、山雨欲来，暗喻了当时黑暗的社会环境，而远处东方的些微亮光，则是暗指革命曙光正在显现。黑暗与光明，乌云的黑暗与代表们坚毅的表情形成了鲜明对比，早期共产党人英勇无畏的形象跃然纸上。

浙江画家金松创作的《一九二一年七月·南湖》则对早期共产党人代表的形象进行了细致的描摹，运用写实的手法来刻画伟人们不同的神韵，以装饰性的手法将与会代表安排成“全家福”合影的方式，让人们看到了中共第一次党代会代表们的风采。绘画构图准确、线条细腻、色彩搭配和谐，把人物的神态、姿态以及状态精准地展现了出来。他们的目光十分集中地凝视远方，象征着中国革命的未来是一往无前的。

孙逊所作的油画《南湖船上》同样也是直接表现船上开会的历史画面，并且从构思到构图，从色调到技法，作者无不是在力图贴合历史的真实，并将瞬间定格在代表讨论审议“中国共产党纲领草案”与“中国共产党宣言草案”这一具体细节上。中共一大确定党的名称为“中国共产党”，大会通过了中国共产党第一个纲领，明确“革命军队必须与无产阶级一起推翻资本家阶级的政权”，“承认无产阶级专政，直到阶级斗争结束”，“消灭资本家私有制”，以及联合第三国际。中国共产党一经成立，就旗帜鲜明地把社会主义和共产主义规定为自己的奋斗目标，坚持用革命的手段实现这个目标。

画家用细致的笔触、明快的色彩展现了一大会议的现场，着重刻画“红船”上早期共产党代表特定的外形特征和内在神韵，对人物的容貌、体形、表情、服饰及背景等作了生动的描绘，表现出“红船”上代表们的精神特征，具有形神兼备的效果。画面右侧，一束光线投射进船舱，明暗的对比之中，洋溢着昂扬向上、开拓创新的气象之美。

颜文樑的《南湖》是最早描绘“红船”的油画作品，被载入新中国艺术史。《南湖》采用印象派的艺术风格，描绘了召开中共一大的南湖红船，表现建党启航的光芒。画面聚焦于一轮冲破云雾的耀眼红日，十几艘大小船只相互交错、呼应、对比，烘托出复杂的空间关系。画面色彩丰富饱满，蕴含着一种催人奋进的精气神。颜文樑为了《南湖》这幅画还写了一首题为《南湖旭日》的诗："旭日东方照耀红，烟迷雨蒙尽消空；燎原火自星星始，革命洪流起涌中。"

著名画家汤垚的画作《南湖红船》抽离于具象的色彩，"在创作《南湖红船》这一作品画湖水和天空时用厚重斑驳的油画肌理，有意用有力笔触去表现当时动荡混沌的中国"，画面中并没有塑造当时代表的人物形象，也没有描绘当时真实的环境和红船，而是把"红船"平面化，作为一种历史符号。小而平稳的红船在混沌的背景中形成一动一静的强烈对比，预示着中国革命"星星之火，可以燎原"的主题思想。

建党百年，美术作品中的"南湖红船"不胜枚举。当年的小小红船现在已经成为承载十几亿人民的巨轮。中国共产党的创建，是中华民族发展史上开天辟地的大事件，具有伟大而深远的意义。习近平在参观南湖革命纪念馆时表示，在浙江工作期间，曾经把"红船精神"概括为开天辟地、敢为人先的首创精神，坚定理想、百折不挠的奋斗精神，立党为公、忠诚为民的奉献精神。艺术家们坚持以人民为中心的文艺创作导向，将艺术与红色文化相结合，把"红船精神"根植于美术创作当中，让"红船精神"代代相传，"红船"也将陪伴我们开启第二个百年奋斗征程。

案例二 红色娘子军纪念园[①]

1931年5月1日，在海南乐会县宣布正式成立中国工农红军第二独立师第三团女子军特务连，这就是举世闻名的“红色娘子军”。它是中国共产党领导下的工农红军第一支女子军连队，也是琼崖第一支妇女武装队伍。在多次战役中，红色娘子军配合红军主力灵活机智作战，逐渐打出了女子军的军威。

红色娘子军纪念园于1998年开始兴建，2000年5月1日落成开园，是全国爱国主义教育示范基地之一，也是国家国防教育示范基地、海南省爱国主义教育基地、全国红色旅游经典景区。纪念馆里面陈列着珍贵的相片文物资料，还有娘子军当年用过的枪炮、服装和用具等展品。

1963年底，周恩来总理在观看由北京舞蹈学校实验芭蕾舞团（中央芭蕾舞团前身）表演的舞剧《巴黎圣母院》时指出，“你们可以一边学习排演外国的古典芭蕾舞剧，一边创作一些革命题材的剧目”，以此激励大家进行原创舞剧的创作。在经过慎重的讨论

① 参见袁成亮《现代芭蕾舞剧〈红色娘子军〉诞生记》，《文史春秋》2004年第9期。

后，中央歌剧院决定把电影《红色娘子军》搬上舞台。《红色娘子军》是由谢晋执导的电影，主要讲述了在第二次革命战争期间，吴琼花从一名悲惨贫苦的奴隶成长为坚定的共产主义战士的经历以及海南红色娘子军的战斗故事。电影取材于真实的红色娘子军故事，1960年上映后，在全国范围内引起轰动。如何将这样一个家喻户晓的革命故事以芭蕾舞剧的形式完整地讲述出来，对于创作人员来说是一个不小的挑战。

为了能够更深刻地体验红色娘子军的生活，1963年2月，中央歌剧院的主创人员从北京千里迢迢来到海南体验生活，搜集当年的革命史料。他们见到了当时女子连的连长冯增敏，冯增敏连长同主创人员谈娘子军的成立过程，讲了很多个性鲜明的人物，提供了丰富的历史材料。在椰林寨旁、五指山下、万泉河边、天涯海角，到处都留下了创作人员的探访足迹。特别是在椰林寨，他们目睹了南霸天关押穷人的人间地狱“水牢”，更深刻地体会到了妇女在旧社会的悲惨命运。在海南挑水种地、干重体力活的是妇女，在部队行军时，扛机枪、背大锅的也是妇女。海南女性不畏强暴、吃苦耐劳的精神深深地震撼了他们，一个坚强、独立、果敢的中国妇女形象——《红色娘子军》舞剧主角吴琼花的形象逐渐定型。

芭蕾属于外来舞蹈形式，如何将这个外来艺术形式与本土的革命故事紧密融合，成了创作的一大突破口。编剧蒋祖慧并没有完全一股脑地采取芭蕾的叙事方式，而是融入中国传统京剧的艺术语言。如南霸天的狗腿子老四追打琼花的一段双人舞，蒋祖慧没有照搬芭蕾舞中逐步展开人物性格的表现手法和双人舞语汇，而是吸收了京剧中一开始就把人物性格鲜明地展示给观众的表现手法，在双人舞的开头用了一个激烈的抄旋子的动作让老四上场，从而将恶霸爪牙的凶恶表现得淋漓尽致。在音乐创作上，吸收了海南民歌的一些曲调，极具地方特色和风采。

但是，《红色娘子军》舞剧的创作并不是一帆风顺的，芭蕾舞与革命故事的融合也并不是一开始就能完全契合。1964年，《红色娘子军》舞剧第一次钢琴联排时，创作人员特地邀请了一些戏剧家、军队文艺家及部队首长前来观摩、指导。专家们在夸赞该舞剧改编精妙、生动感人之时，也就一些细节提出了指导意见。而部队同志则认为剧中娘子军练兵的舞蹈动作缺少军人气魄，“像娘子不像军，不像拿枪，像拿火棍，仿佛拿一片很轻松的东西”，原本宏大紧张的战斗场面给人感觉气势不足。创作人员非常重视这些意见，一方面修改剧本，另一方面组织全剧所有的演员到部队进行为期两周的军事生活。在这次体验中，创作人员把军队中的刺杀等元素增添到了舞剧中，很好地起到了渲染烘托氛围的作用。

1964年9月，《红色娘子军》在天桥剧场正式演出，反响强烈，获得了巨大成功。剧组在广州、深圳等地巡演，所到之处无不引起轰动。10月，毛泽东主席观看后，高兴地对大家说，这出戏“方向是对的，革命是成功的，艺术上也是好的”，极大地鼓舞了剧组创作人员。芭蕾舞剧《红色娘子军》之所以如此成功，不仅因其内容的优秀，还因其塑造了一个吴琼花这样不折不挠、个性鲜明的人物形象，给人留下深刻印象。另外，用芭蕾舞这样一个完全外来的艺术形式来表现中国人民的革命斗争生活，并且融合得自然贴切，富有创造性，亦实属难得。

革命现代芭蕾舞剧《红色娘子军》像一面火红高扬的旗帜，高高飘扬在我国的文艺舞台上，激励着一代又一代人为革命和建设事业奋斗，该剧2021年4月入选庆祝中国共产党成立100周年优秀舞台艺术作品展演名单。

案例启示

1. 从革命历史纪念场所汲取精神力量

红船劈波行，精神聚人心。一个大党和一艘小船，中国共产党从这里出发，走向井冈山，走向延安，走向西柏坡，最终成为拥有九千多万党员的大党，孕育了中国精神之源——红船精神。案例中的红色经典“红船”画作讲述了红船的故事，有着深厚的内涵，尽管主题都聚焦于中共一大在红船里召开这一重大历史事件，但每位画家都保持着开拓创新的精神，以多种风格、多重画面内容展现这一经典主题。这些画作蕴含着深厚的红船精神，而红船精神本身也为这些艺术家的创作提供了坚定的精神力量与信仰。

2. 深入群众，助力多种艺术形式和革命故事深度融合

无论是静态的文字、绘画，还是动态的歌舞剧，在讲述革命故事时都有着独特的作用。芭蕾舞作为一种西方传统舞蹈艺术，在与红色娘子军这个我国本土红色故事融合时，展现出了极其精彩的艺术效

果。在音乐与舞蹈的创作上，将革命浪漫主义与革命现实主义完美结合，既展现了红色娘子军的英姿与风采，又真情讲述了她们的人生经历与红色故事。《红色娘子军》自公演以来，屹立于舞台五十多年，先后演出了数千场，成为中国芭蕾舞的经典作品之一。这部剧的成功离不开创作班底深入群众的实践调研，创作人员在海南深扎几个月，走访红军老战士，获得了大量的真实历史资料。而为了演出军人的英姿，芭蕾舞演员们甚至在军队里度过了两周的军事生活。该剧颠覆了人们对传统芭蕾舞的印象，以新颖的艺术形式向世界讲述中国革命故事，展现了中国女性自强不息的精神面貌。

小　结

习近平总书记在中共中央政治局第三十一次集体学习时强调，用好红色资源，赓续红色血脉，努力创造无愧于历史和人民的新业绩。习近平总书记曾表示每到一个纪念场所，灵魂都受到一次震撼，精神都受到一次洗礼。每次都是怀着崇敬之心去，带着许多感悟回。

近年来，红色旅游日益兴盛，像遵义、延安、井冈山、嘉兴等地逐渐成为红色旅游的热门场所。红色旅游的火热意味着人们越来越重视红色文化的重要作用，注重回顾革命历程，学习红色精神。除了实地走访，通过阅读红色经典，也可以了解根据地的故事，体会感悟红色精神。通过阅读红色文学作品《保卫延安》《长征记》可以回顾发生在延安、遵义的重大革命历史事件，深刻领略延安精神、遵义会议精神的内核；通过欣赏红色经典画作《西柏坡中共中央旧址》《启航——中共一大会议》等，可以跨越时空看到位于西柏坡的中共中央旧址和那个特别的小村庄的秋景，以及见证中国共产党在红船成立的重要历史时刻；通过欣赏歌曲《八角楼的灯光》、舞剧《红色娘子军》可以了解八角亭革命遗址群和红色娘子军纪念园的历史背景，在艺术的氛围之中感悟红色精神。

在这一章里，我们沿着红色经典的脉络，从走访革命圣地到游览红色旧址，再到参观各大革命历史纪念场所，通过书籍、音乐、绘画等多种途径了解发生在这片红色土地上或激动昂扬或感人至深的故事，经由文字、图画、音符，更深入地学习党的历史，感悟中国共产党的初心使命，接受红色精神的洗礼。

第三章

读英雄和烈士的故事

概　述

在天安门广场的中心，伫立着一座纪念碑，碑身正面镌刻着“人民英雄永垂不朽”八个大字。这就是著名的人民英雄纪念碑，由毛主席亲自奠基并撰写碑文。“三年以来，在人民解放战争和人民革命中牺牲的人民英雄们永垂不朽！三十年以来，在人民解放战争和人民革命中牺牲的人民英雄们永垂不朽！由此上溯到一千八百四十年，从那时起，为了反对内外敌人，争取民族独立和人民自由幸福，在历次斗争中牺牲的人民英雄们永垂不朽！”这三句碑文由周总理手书，再交由雕塑大家进行雕刻，饱含着党和国家领导人对人民英雄光辉业绩的深切缅怀，突出了“纪念死者，鼓舞生者”的建碑主题。

在岁月的长河里，无数英雄烈士为了民族解放、国家独立和人民自由幸福而前仆后继、英勇献出宝贵的生命。他们用鲜血浇灌理想，用生命捍卫信仰，构筑出一座座不朽的丰碑。在我国，目前共有烈士纪念设施保护单位4200多个。2016年新华网发表《关于国家烈士纪念日，这些你都了解吗?》的文章，提到这些烈士纪念设施保护单位“每年接待各级党政机关、企事业单位、部队和学校等组织的烈士纪念活动10万余次，群众瞻仰祭扫1.5亿多人次”。这些纪念场所虽然纪念、安葬着在不同历史时期、不同历史事件中的英雄烈士，但是所弘扬的热爱祖国、忠于人民、无私奉献、舍生取义、不怕牺牲的精神是一脉相承的。缅怀先烈，不忘初心，才能走好中华民族的伟大复兴之路。

红色经典中塑造了很多的英雄烈士，他们有些是历史上真实存在的人物，比如《林海雪原》中的杨子荣、《红岩》中的江姐等，也有一些是因为篇幅有限而英雄众多，糅合了多名英雄的真实事迹而塑造出的人物，比如《保卫延安》中的周大勇，便是作家杜鹏程在观察、参考身边一些战士形象和事迹的基础上塑造出的英雄人物。一本红色经典讲不出所有的英烈故事，一张画也描绘不出所有的英烈脸庞，但我们可以通过红色经典，透过文字、绘画、诗歌、影像等，再次倾听英烈们共同用鲜血浇筑的故事，重温英雄情怀，锤炼自身道德品格。

第一节　学习英烈事迹

2015年9月2日，习近平在颁发“中国人民抗日战争胜利70周年”纪念章仪式上强调：“一个有希望的民族不能没有英雄，一个有前途的国家不能没有先锋。包括抗战英雄在内的一切民族英雄，都是中华民族的脊梁，他们的事迹和精神都是激励我们前行的强大力量。”学习英雄和烈士的事迹，是对光辉历史的铭记，是我们前进过程中强有力的鼓舞、激励与鞭策。阅读红色经典是学习英烈事迹的有效途径之一，透过红色经典，我们能再次回到那些英雄儿女辈出的历史时期，再次了解他们壮烈的人生历程。

红色经典的内容涵盖了我党的百年奋斗历程，塑造了许多经典的革命英雄形象。既有在鲁南地区“扒火车”、与日寇斗智斗勇的铁道游击队成员们，也有在东北智取威虎山的杨子荣；既有在电影《血战湘江》中不愿被日军俘虏而绞断肠子牺牲的红34师师长陈树湘，也有在沁源围困战中为了不泄露八路军驻地而牺牲的普通村民们；既有《清江壮歌》中机智勇敢的中共地下党人，也有《红岩》描述的渣滓洞里艰苦顽强的江姐等人。红色经典以多种形式讲述英雄烈士的事迹，情真意切，感人至深。

案例一 《铁道游击队》中的战斗英雄[①]

抗日战争时期，在鲁南枣庄矿场地区，当地的矿场工人和群众不堪日军欺压，在中国共产党的领导下，秘密组织成一支精良的武装力量。他们利用煤矿铁路的掩护，与主力队伍相配合，充分发挥熟悉煤矿铁路轨道的便利，让敌军火车相撞、脱轨，给当地的日寇和伪军以沉重的打击。这支武装力量就是著名的铁道游击队。

1943年夏天，山东军区在滨海抗日根据地召开全省战斗英雄模范大会。铁道游击队的队长徐广田被评为甲级战斗英雄，他深情讲述了个人以及游击队战友们的事迹，在与会者中引起巨大的轰动。正是在这次英模会上，作家刘知侠首次认识了铁道游击队的英雄们，了解到这支游击队的英雄事迹。

铁道游击队，发端于1938年夏，从洪振海、王

① 参见刘晓焕、李强《激情燃烧的不老传奇：刘知侠与〈铁道游击队〉》，《春秋》2021年第4期。

志胜建立的抗日情报站基础上发展起来。1940年1月25日正式成立，当时被称为“鲁南军区铁道大队”，又称为“枣庄铁道队”，隶属八路军“115师苏鲁支队”，是一支由党领导的、英勇作战的地方武装力量。1945年12月底，铁道大队奉命到滕县（今滕州市）接受整编后，鲁南军区铁道大队番号撤销，至此完成了它的历史使命。

这支队伍高峰时期有三百多人，主要由铁路工人、矿工组成。铁道大队以微山湖为依托，紧紧依靠枣庄地区人民群众，主要战斗在铁路支线临（城）枣（庄）段、枣（庄）台（儿庄）段，津浦铁路干线的韩（庄）兖（州）段、兖（州）徐（州）段，驰骋在运河两岸和微山湖地区。他们充分利用对铁路轨道的熟悉，截列车、打洋行、毁铁路、炸桥梁；在敌人的据点里摸清敌情、打击特务，在列车上打歼灭战；从火车上拿到日军武器送进山区根据地，劫下敌人整车的布匹解决了根据地军队的冬衣。他们战斗在敌人严密控制和封锁的铁路线上，靠着“扒火车”这一极具英雄主义的特殊技能和敌人周旋，这使得他们的英勇斗争故事带有浓厚的传奇色彩。他们还曾经护送刘少奇、陈毅等千名将士成功越过津浦线。他们的斗争事迹传遍华北战场，被誉为“怀中利剑，袖中匕首”，山东军区司令员盛赞他们是“一把插入敌人心脏的尖刀”。

铁道游击队的事迹激发起刘知侠强烈的写作欲望，决心通过文学的方式记录他们的传奇故事。英雄模范大会后，刘知侠专门采访了铁道游击队的队长和政委，对铁道队以及他们的战斗有了一定的了解。在《山东文化》上连载两期《铁道队》后，刘知侠收到铁道游击队领导的来信，邀请其去和铁道游击队队员们生活一段时间，这样肯定会比现在写得更好。于是他停止连载，决定去参与体验他们的战斗生活。刘知侠先后两次冲破日军封锁，深入铁道游击队伍中，与游击队队员一起战斗生活。在第二次深入采访时，刘知侠甚至还成为铁道游击队的荣誉队员。这两次宝贵的经历，使得刘知侠积攒了大量的资料和素材，在根据地的时候，每写好一章，他都要听取队员们的意见。尽管《铁道游击队》里的人物都有原型，但是也无法把每个人都写进去，只能进行浓缩和概括，例如书中着力塑造的刘洪，实际上结合了铁道游击队前后两任大队长洪振海和刘山的性格，而另一位主人公王强的原型则是另一位大队长王志胜，是洪振海的好友，以擅长“扒火车”出名。铁道游击队前后历经四位政委，每个人都有各自的传奇故事，《铁道游击队》一书中的政委“李正”便是根据四个人的个性和事迹塑造的。

1954年，刘知侠创作的《铁道游击队》终于出版，着力塑造了以刘洪、王强为代表的铁道游击队的英雄群像。这部小说刚一面世，就受到了广大读者的一致好评。1956年，小说被拍成电影搬上了大荧幕，铁道游击队的故事因而被传播得更广，成为家喻户晓的英雄事迹。

《铁道游击队》虽然采用了革命史诗的叙事框架，但是作品的内容取材于真实的铁道游击队战斗经历，以波澜起伏的情节、极富传奇色彩的人物形象和质朴接地气的语言使经典通俗化，一直广受人民群众喜爱。刘知侠成功讲好了铁道游击队的故事，使铁道游击队队员们的英雄事迹广为传播。

案例二 《洋铁桶的故事》中勇敢团结的人民群众[①]

《洋铁桶的故事》以沁源围困战为背景，描写了吴贵（绰号“洋铁桶”）组织抗日游击队，积极同伪军、日寇展开斗争的故事。

沁源围困战又称沁源战役，是中国抗日战争时期中日双方发生在山西省长治市沁源县的一场战役。日军扫荡太岳抗日根据地北部之后，留了一部分兵在沁源县及周边地区。沁源县军民展开了一场在中国共产党领导下的围困战，历时两年半，共900多天，对敌作战2700余次，击毙日伪军4400多人，取得了依靠人民围困敌寇的伟大胜利。

在1943年初至1945年上半年的两年半时间里，延安《解放日报》相继报道“沁源围困战”百余篇。1944年，作家柯蓝受到延安《解放日报》社论《向沁源人民致敬》的启发，在沁源人民英勇斗争事迹的鼓舞下，在《边区群众报》上连载《洋铁桶的故事》，

① 参见张长仓《章回小说的新生——评解放区的第一部章回小说〈洋铁桶的故事〉》，《延安大学学报（社会科学版）》1984年第1期。

写下了这篇小说。

《边区群众报》1940年在延安创刊，是一份由中国共产党领导的通俗化报纸，在边区深受人民喜爱。该报始终坚持“实事求是，着眼于群众”，发布的新闻与文章力求能够让边区识字少的群众一看就懂，不识字的能听懂。当时的编辑创新地采用了“集体审稿”的方式，即通过召集全社大会来进行，还特意邀请了一些文化程度比较低的边区籍人员来参加。会议上编辑先读文稿，有意见就要听取，问题较多的就会重写。特别注意听取群众的意见，务必做到通俗易懂。沿着这条适合陕甘宁边区普通群众阅读的办报路线，《边区群众报》成为一份群众喜闻乐见的报纸。边区群众亲切地称之为“咱们的报纸”。

《洋铁桶的故事》中描绘的英雄们，并不是受过正规训练的士兵，大多是土生土长的农民，他们在国家生死存亡之际勇敢地站出来，加入到保卫家园的壮烈战斗之中。他们永远活力充沛，而且足智多谋，不仅能在敌强我弱的形势下险胜敌人，有的时候还能靠机智把敌人耍得团团转。《洋铁桶的故事》并没有把沁源围困战描绘得充满悲情，而是通过描写人民群众团结协作、勇敢战斗的故事，使得整篇故事洋溢着浓厚的革命乐观主义情绪。

该小说完全契合报纸的基调，在表达形式上注重语言的口语化与通俗化，吸收了大量生动的民间用语，让人一看就读得懂、记得住、讲得通。《洋铁桶的故事》在《边区群众报》上连载将近一年，成为边区广受喜爱的文章。该文一经发表，就收到热烈反响，还在当时边区召开的延安文教会上获得了一等奖，代表们津津乐道这部小说，说自己把每次连载的小说看了又看，报纸上的字都被磨没了。在战时条件有限的情况下，这部小说在短时间内被印刷了多个版本在各个解放区传播。

1946年，《边区群众报》创刊六周年之际，毛泽东给报纸题词："希望读者多利用报纸，推动工作，学习文化。"时任中共中央西北局书记的习仲勋在贺信中称赞《边区群众报》："这个报纸是边区群众公认的好报纸，为什么好？它不但容易读懂，并且说出了边区群众要说的话，讲出了边区群众要知道的事情。这就是为群众服务，当得起'群众报'这个光荣的称号。"

案例启示

1. 红色经典中的英雄形象是无数革命英烈的缩影

我国的烈士陵园里，埋葬着很多至今未知姓名的英烈。湘江战役中，红军人数从八万多锐减到三万多，伤亡惨重。这一战中既有宁死也不愿被俘虏的陈树湘，也有誓死掩护中央纵队安全渡江的黄冕昌，还有更多在战役中牺牲的无名英雄。在灌阳县革命烈士陵园内的无名烈士纪念碑基座上刻着这样一句话："你们的姓名无人知晓，你们的功勋永世长存。"红色经典中塑造的往往不是某一个英雄的战斗事迹，而是无数英雄烈士人生故事的缩影。他们革命信仰坚定，为了人民解放、国家独立而抛头颅、洒热血。湘江的沿岸、南京的街道上、华北的平原里……全国的每一寸土地都有他们的足迹。或许我们没有办法知道每一位英雄烈士的名字，但是透过红色经典可以了解他们共同的战斗事迹，理解他们共同的革命信仰和情怀，学习英烈精神。

2. 红色经典在报刊连载推动英烈事迹的广泛传播

在长期革命生涯中，毛泽东一直都非常重视报刊在"扩大政治影响，争取广大群众"中的重要作用，并多次撰写、审阅和修改《解放日报》、新华社和《人民日报》的重要社论，撰写了若干关于新闻宣传工作的重要论述。延安时期，毛泽东多次强调报纸的重要性在于“它能使党的纲领路线、方针政策、工作任务和工作方法，最迅速最广泛地同群众见面”，并要求党的宣传工作人员和教育文化工作者“应该把报纸拿在自己手里，作为组织一切工作的武器”去反映并指导根据地的政治、军事、经济和文化建设。报刊上连载的红色经典一方面生动记录了共产党员、游击队员、人民群众同敌人英勇战斗的实际状况，另一方面其中凝聚的强大精神力量能够鼓舞和动员广大群众在中国共产党的领导下齐心协力与敌对势力顽强斗争。《洋铁桶的故事》采用通俗化的语言，在《边区群众报》上全文连载近一年（从1944年7月至1945年6月），成为边区男女老少妇孺皆知的故事，极大地鼓舞了根据地群众的斗争热情。

第二节 重温英雄情怀

英雄是一个时代的标杆，是党史中闪亮的坐标。英雄用鲜血和生命谱写的壮烈诗篇是一个民族的历史符号，是一个国家的精神象征。2016年2月2日，习近平总书记赴江西看望慰问广大干部群众时强调，中华民族是崇尚英雄、成就英雄、英雄辈出的民族，和平年代同样需要英雄情怀。

英雄情怀植根于中华民族的浩瀚历史之中，熔铸于人民革命战争和建设发展的实践，是民族精神的集合与升华。坚持人民立场，保持忠诚本色与艰苦奋斗的作风，构成了英雄情怀的核心内涵。红色经典中讲述了无数英雄烈士的故事，是重温英雄情怀的沃土。电影《上甘岭》中描绘了无数志愿军战士在极其艰苦的环境下与敌人浴血厮杀的震撼场面，深刻展现了中国军人的气概；罗广斌和杨益言联合创作的《红岩》叙述的是20世纪40年代中国共产党人面对国民党疯狂镇压所表现出的视死如归与大义凛然；《铁道游击队》刻画了我国敌后抗日游击队奋勇拼搏、浴血杀敌的忠诚画卷；《红日》描绘了解放战争中共产党人面对国民党攻势所展现出的英雄气概与骁勇善战……透过红色经典，可以走进英雄烈士的内心，重温英雄情怀，赓续红色基因。

案例一 从《在烈火中得到永生》到《红岩》[①]

图书承载着一段时间内的文化成就，是人们用来交流精神世界、获取知识、传承精神遗产的重要媒介。人民的精神文化需求呼唤着作者的红色文学创作，时代精神指引着出版社的出版方向。而对这种时代精神的精准把握，离不开作者和出版社的共同努力。长篇小说《红岩》出版于1961年，迄今发行量已经超过1000万册。小说主要讲述了在1948年至1949年全国解放前夕，重庆“中美合作所”白公馆、渣滓洞集中营里，被囚禁的共产党人与丧心病狂的敌人展开殊死搏斗的故事，成功塑造了齐晓轩、许云峰、江雪琴（江姐）等大无畏的英雄形象，充分展现

① 参见周晓风《小说〈红岩〉是如何创作出来的》，《光明日报》2019年7月12日；参见兰世秋、赵迎昭《“红”了60年的〈红岩〉是这样诞生的》，《重庆日报》2021年12月21日。

了共产党人视死如归的英雄气概。

《红岩》从创作到定稿，历时三年，经过五次大的修改，终于在1961年正式出版，其中经历了复杂的过程和波折。1956年夏天，中国青年出版社在第二编辑室（即文学编辑室）里建立了传记文学组，并创办了一个新型刊物《红旗飘飘》。创刊之后，开始向社会各界征稿。最初出版社发现“红岩”的故事，缘起于1957年4月的一封来自四川长寿的读者来信。信中反映了四川群众的呼声，他们向出版社推荐了罗广斌同志介绍的新中国成立前“中美特种技术合作所”的血录，希望中国青年出版社收集材料，通过写小说的形式出版发行，以便收到更好的效果。这位读者所提供的线索正是出版社所需要的，故事涉及的情节与人物非常丰富，也符合当时的时代精神。

因此，当时中国青年出版社的编辑一方面给读者回信感谢，另一方面着手向罗广斌、刘德彬、杨益言约稿。半年以后，出版社收到由罗广斌、刘德彬、杨益言三位作者整理而成的回忆录《在烈火中得到永生》。回忆录在《红旗飘飘》上发表后，在全国引起热烈反响。当时的编辑向作者提出，请他们在回忆录《在烈火中得到永生》的基础上，扩充内容，撰写成中篇回忆录，出版单行本。作者也及时响应，同年将稿件整理好寄给了出版社。1959年2月，中国青年出版社又将修改后的《在烈火中得到永生》作为重点图书出版了单行本《在烈火中永生》，使红岩故事在全国广为传播。

1958年，出版社了解到四川省的国庆十周年献礼计划中有罗广斌、杨益言等创作的《禁锢的世界》(即《红岩》的前身)。《禁锢的世界》也随之成为出版社的正式选题计划。至此，《在烈火中永生》开始从回忆录迈向长篇小说的征程，红岩故事的写作也由此进入长篇小说的创作阶段。

在创作长篇小说《红岩》期间，各方都为作者的创作提供了大力支持。在当时重庆市委的批准下，两位作者查看了当时控制极严、轻易不让人接触的绝密敌特档案，甚至提审了在押的敌特分子。1959年8月作者完成了初稿，但是有关方面的读后评价并不是太好，提出很多意见，包括“低沉压抑”“满纸血腥”“缺乏革命的时代精神”等。于是各方积极采用多种方式帮助作者深入领会这一题材的意义以及时代对于文学创作的精神要求。据杨益言回忆：“隔了几个月，中国青年出版社热情约我们到北京讨论初稿。重庆市委安排我们去北京参观十大建筑，开阔眼界。1960年夏，罗广斌和我终于成行，到了北京。没有想到，我们到京以后却被一件意外的事吸引住了。那时候，中国历史博物馆正在内部展出毛主席指挥解放战争的全部电报手稿。我们一走进展览馆，就立刻发现：原来，小说里缺少的一个重要东西，就是我们对解放战争的全局缺乏了解，心里不踏实，因而不敢放手描写那个时期瞬息万变、错综复杂的敌我斗争。一看全局，那么尖锐复杂、变幻无穷、规模空前的战局，毛主席、党中央尚可了如指掌，指挥若定，自己的心境顿觉豁然开朗，觉得小说中再复杂的斗争也可以组织了。”

1961年，从年初到年终，经过为期一年两易其稿、反复加工整理后的长篇小说《红岩》正式出版。小说定稿时，罗广斌感慨地表示：“老杨，这本书的真正作者其实不是你，也不是我，而是十二年前牺牲在渣滓洞、白公馆的江竹筠、许晓轩、陈然、刘国鋕等烈士……是他们用生命和鲜血写成了这本书。”直到小说最后修改定稿时，才被正式确定为《红岩》，在此之前都是使用作者所起的《禁锢的世界》。修改后的书名不仅格调高，而且也体现了渣滓洞、白公馆的斗争与红岩村（中共南方局所在地）的关系，得到大家一致认可。

小说出版后好评如潮，受到文学界一大批著名评论家的高度评价，该书初版的责任编辑章羽表示："小说一出，洛阳纸贵。北京所有的宣传机构几乎不约而同地行动起来，纷纷著文介绍，形成新中国成立以来少有的对一部小说进行宣传的热潮。"在各方的高度赞誉下，《红岩》在当时出现了一书难求的盛况。从回忆录《在烈火中得到永生》到长篇小说《红岩》，这背后是作者、出版社以及其他有关部门的大力支持与倾心打造。

案例二 从《林海雪原》到《智取威虎山》①

电影《智取威虎山》是由徐克执导，张涵予、梁家辉等人主演的一部主旋律电影，于2014年12月24日在全国上映，上映后票房突破八亿元，在竞争激烈的贺岁档获得了不俗的成绩。电影取材于红色经典小

① 参见黄新炎《主旋律电影的又一次变奏——从电影〈智取威虎山3D〉说起》，《南京师范大学文学院学报》2015年第2期。

说《林海雪原》，讲述了解放军一支骁勇善战的203小分队与在东北山林盘踞多年的土匪斗智斗勇的故事。原著《林海雪原》是曲波创作的一部长篇小说，主要讲述解放战争初期东北剿匪的战斗故事——1946年冬，东北联军一支小分队，在团长少剑波的带领下，深入林海雪原执行剿匪任务，侦察兵杨子荣与威虎山座山雕匪帮斗智斗勇，最终取得胜利。《林海雪原》一直被视作“革命通俗小说”的典型代表，被誉为“新的政治思想和传统的表现形式互相结合”的光辉典范，是“十七年文学”发展中不可替代的重要小说作品。小说出版后，引起热烈反响，先后多次被改编成电视剧、话剧、样板戏等。

徐克此次拍摄电影《智取威虎山》时，大致沿用了样板戏《智取威虎山》的内容。样板戏《智取威虎山》是根据曲波《林海雪原》的部分内容改编而成的革命现代京剧剧目，选取了杨子荣打入威虎山内部活捉座山雕的片段，前后几次修改，从剧本到音乐唱腔无不是精益求精，形式简约、凝练，叙事上却有无与伦比的表现力，被评为“八个样板戏”之一。徐克在拍摄时，将影片的重点放在了杨子荣在威虎山与以座山雕为首的匪帮斗智斗勇的过程，将战争中革命战士的友情与团结、不畏艰险、英勇斗争的形象搬到了大荧幕上，使观众走进那个纯真的年代。

从电影题材来看，《智取威虎山》是一次将中国传统武侠片与革命战争片相结合的巨大尝试，把浓烈的武侠色彩与革命浪漫主义相结合。影片特色有如下几点：并没有将土匪描绘得粗俗不堪，而是尽量展现了土匪窝的宏大与奢靡，特别是在最后一场百鸡宴上，土匪们论资排辈，大殿中金碧辉煌；并没有刻意展示战争片中冷兵器的对抗，而更多突出人物采用智取的方式化险为夷；更注重人物的单打独斗，尤其是开场时杨子荣打虎的情节，利用电脑合成的老虎显得异常威猛、栩栩如生，而杨子荣与老虎的斗智斗勇可看性很强，同时也为人物形象增添了神话色彩和英雄色彩。

从表现手法来看，宏大的画面、丰富的色彩对比、精彩的打斗场面是不可缺少的元素，科学技术的运用更是电影的撒手锏。在影片中，白与红是主色调，白雪中的高山树木给人以肃穆、寂静之感。威虎山常年以红色为装饰色，特别是百鸡宴上的红色灯笼，极具美感。利用现代科技，导演将悬崖、树林、枪战糅合在一起，带给观众极大的视觉享受。

并且，影片吸收了中国传统戏剧的人物妆造，杨子荣一上场就与其他演员不同，浓厚的眼线与华丽的服饰正是戏曲装饰的典型特征，而座山雕的装饰更是华丽无比，威虎山的土匪们也都在脸上增添了不同样式的花纹。这些极具戏曲色彩的妆造，也构成了画面美的一部分。

从影片传达的核心价值来看，中国艺术研究院影视所副研究员张慧瑜用“正面”来评价徐克对于人物的呈现：“他从正面角度理解了那个时代的人们在那个时代所做出的人生选择。所以，他既没有用所谓人性化手段来处理座山雕这个负面人物，也没有为了体现人物的丰富性而给杨子荣增加爱情戏。”此外，徐克在拍摄《智取威虎山》时加入了现代的时间线，故事增加了一头一尾的现代情节，赴美求学的韩庚担负起了让历史与当下观众建立对话的职能，意图让今天的人们与历史上的英雄实现精神互通。过去和现在的双时间线使得影片的情感更加饱满，不仅有英雄主义，还有对上一代苦难和牺牲的铭记，回应了当下的时代主题和情感联结。

总的来看，这部电影生动展现了解放军战士与土匪机智勇敢战斗的故事和形象，在全社会产生较大的影响。但是影片在内容表现和价值引领方面仍然存在着一些瑕疵。一方面，影片中的战争画面处理得并不太好。在夹皮沟防御战中，缺少高处俯拍，对地形和攻防态势变化没有作细致交代，没有拍摄出战士们与土匪交战的激烈感和紧张感。另一方面，在处理杨子荣这个角色时，作出了更符合导演审美和当下观众取向的改编，原本少剑波与杨子荣的双线叙事变成了以杨子荣为主，这使得杨子荣从原著中集体主义的英雄变成了电影中的孤胆英雄，弱化了杨子荣对党的坚定信仰以及集体主义情感，在某种程度上削弱了红色经典应该具有的价值。

案例启示

1. 英雄情怀是红色经典基于现实需求进行创作的母题

新中国成立后，中国共产党和全体人民面临的是一个千疮百孔、百废待兴的中国。人民群众迫切需要一大批记载和歌颂中华儿女历经磨难不屈不挠、敢于斗争、超越个体局限、实现革命理想的精神文化作品。由此，《红岩》《红日》《林海雪原》《保卫延安》《青春之歌》等一系列以中国共产党领导的革命战争为主题创作的红色经典作品广泛出版和发行，成为那个时代的红色记忆，在当时乃至现在都产生着重要影响。这些作品以既定的历史题材为蓝本，充分体现劳动人民的疾苦，处处洋溢着革命成功的激情，映射了那个时代积极的革命浪漫主义和大无畏的英雄情怀，无疑成为在困苦中奋进的国人最好的精神食粮。

2. 在红色经典中重温英雄情怀

红色经典生动展示了中国共产党领导下人民大众抗敌御侮、独立自强的壮阔场景，精彩演绎了一百多年来风云激荡的历史关头，讲述了生与死、存与亡、家与国、义与利的重大时代命题，是塑造英雄形象、展现英雄情怀的重要载体，是进行爱国主义和英雄主义教育的文化资源，是保持战斗姿态、传承民族血性的精神源泉。无论是《红岩》中刚烈坚贞、视死如归的江姐，还是《林海雪原》中不畏艰险、英勇斗争的杨子荣，都成为有血有肉、蕴含深厚人性与民族性的鲜活个体，承载了人民群众的英雄情结。需要注意的是，新时期对红色经典的改编层出不穷，这些作品质量参差不齐，在阅读观赏这些作品时，要注意秉持正确的思想价值观，始终怀有对英雄先烈的敬畏之心和对当下和平来之不易的珍惜之情。

第三节　锤炼道德品质

习近平总书记在纪念五四运动100周年大会上发表重要讲话，指出“新时代中国青年要锤炼品德修为……青年要把正确的道德认知、自觉的道德养成、积极的道德实践紧密结合起来，不断修身立德，打牢道德根基，在人生道路上走得更正、走得更远”。阅读红色经典，并不只是单纯了解英雄烈士的事迹，重温英雄情怀，而是要通过走近英雄烈士，深刻领悟英雄精神，从而锤炼自身道德品质，成为优秀的社会主义建设者。

红色经典中的英雄烈士身上集中体现了众多优良品格，值得广泛传播学习。欧阳山创作的《三家巷》书写了20世纪20年代第一次国内革命战争时期广州地区革命者的坚毅果敢；梁斌创作的《红旗谱》展现了20世纪30年代冀中地区普通农民反抗封建势力压迫的顽强斗争精神；李英儒和冯德英分别创作的《野火春风斗古城》和《苦菜花》描绘的是抗日战争时期地下共产党人用信仰和忠诚铸就钢铁长城；吴强和杜鹏程分别创作的《红日》和《保卫延安》形象再现了在风云激荡的解放战争中人民解放军英勇斗争的雷霆之势……人无德而不立，立德是培养一代代中国特色社会主义接班人的关键所在。

案例一　“铮铮铁骨英雄树，火红烂漫英雄花”——国画《刑场上的婚礼》[①]

1928年，在广州红花岗刑场，两位英勇的共产党人面对敌人的枪口，把刑场作为结婚的礼堂，把反动分子的枪声当作礼炮，从容地举办了婚礼。这场悲壮的婚礼主角，就是革命烈士中的英雄典范——周文雍和陈铁军。

1927年10月，大革命失败后，周文雍被选为中共广东省委候补委员，投入广州起义准备工作。陈铁

① 参见中央广播电视总台《刑场上的婚礼》，《美术经典中的党史》。

军受党的派遣，装扮成周文雍的妻子，参与准备广州起义。在多次生死考验之后，两人产生了真挚的感情。但是面对当时严酷紧张的斗争形式，为了革命事业，两人只能把感情深埋在心底。1927年12月11日，广州武装起义爆发，给背叛革命的国民党新军阀以沉重打击。因力量悬殊，寡不敌众，广州起义在帝国主义支持下的各派反革命力量的联合进攻下，最终失败。周文雍率领部分起义武装，奋勇死战，突围撤离广州，辗转到香港。1928年1月，周文雍再次与陈铁军回到广州，重建党的机关。1月27日，由于叛徒出卖，周文雍与陈铁军同时被敌人逮捕。面对敌人的威逼利诱，周文雍和陈铁军毫不动摇、坚贞不屈。敌人强迫周文雍写自首书，周文雍接下后在监狱的墙壁上挥笔写下："头可断，肢可折，革命精神不可灭。"敌人无计可施后，决定判处这对革命伉俪死刑。在法庭上，法官问周文雍还有什么最后的要求时，他想了一下，回答道："我别的什么都不需要，只要求和陈铁军同志一起照张相。"这是周文雍一直以来的心愿。在得知周文雍的要求后，陈铁军非常高兴。在那张留存于世的合影上，这对"夫妻"昂首并肩站立。周文雍表情严肃，大义凛然。站在他旁边的陈铁军则披着长四五尺的宽围巾，温柔地把头侧向自己的“丈夫”。周恩来在新中国成立后的一次讲话中，曾带着怀念之情谈起此事，说这张照片表明了“他们最纯真最高尚的爱情”。

2006年，画家王明明先生和蔡玉水先生接到了中宣部、文化部、财政部主办的“国家重大历史题材美术创作工程”的创作任务。两位画家用了将近四年的时间完成了这幅《刑场上的婚礼》，作品一经问世便引起了强烈的反响。《刑场上的婚礼》采用了中国画浪漫诗意的表达手法，将写实的绘画风格与简洁肃穆的水墨语言巧妙地结合起来，将两位革命者为了崇高的信仰不畏牺牲的精神以及浪漫的情怀表现得淋漓尽致。画面中，人物轮廓清晰，用笔果断。从周文雍紧握铁镣的拳头和艰难分立的双腿，可以想象他所经受的磨难，更能感受到他内心坚贞不屈的信念。在周文雍的身后，陈铁军搀扶着他，身体微向前倾，右手扶在他的臂膀上，脸轻轻靠向周文雍，这些细微之处都流露出浪漫的真情。画家在环境描绘上处理得简洁抽象又富有深意，大面积的留白营造出一种既悲情又圣洁的氛围。背景中干笔皴擦制造出的风感，为“刑场上的婚礼”奏响了悲壮的序曲。

透过这幅画，仿佛能再次听到陈铁军在刑场上向人们呼喊道："我和周文雍同志假扮夫妻，共同工作了几个月，合作得很好，也建立了深厚的感情。但是由于专心于工作，我们没有时间谈个人的感情。现在，我们要结婚了，就让这枪声，作为我们结婚的礼炮吧！"

案例二 《欧阳海之歌》[①]

欧阳海是继雷锋之后人民解放军队伍中涌现出的一名共产主义战士。他出生在桂阳县的一个小山村，1959年1月入伍，1960年5月加入中国共产党，生前曾荣立三等功三次，多次被所在营、团和师部评为标兵。他在部队里刻苦学习、苦练本领，多次勇救落水儿童、火海救人。1963年，欧阳海所在的部队在铁轨旁野营拉练，一匹驮着钢炮的战马突然被满载乘客的列车汽笛声惊扰，窜上了双轨之间，冲向正在行驶的列车。千钧一发之际，欧阳海奋不顾身、跃向铁轨，推开了受惊的战马，而他自己却被卷入列车之下，壮

① 参见《"双百"人物中的共产党员：欧阳海》，共产党员网2012年6月19日。

烈牺牲，年仅23岁。

1964年，中国共产党广州军区委员会追授他一等功和“爱民模范”荣誉称号。同年1月22日，中华人民共和国国防部将欧阳海生前所在班命名为“欧阳海班”，并号召全军学习他的崇高品质，全心全意为人民服务。朱德、董必武、贺龙、徐向前、聂荣臻、叶剑英等党和国家领导人分别题词，高度赞扬他的英雄行为。1988年，他生前所在部队修建了欧阳海纪念馆；2009年，被评为“100位新中国成立以来感动中国人物”；2019年，被授予“最美奋斗者”称号。欧阳海舍身推战马、拯救列车的行为也真切印证了他的人生格言：“如果需要为共产主义的理想而牺牲，我们每一个人，都应该也可以做到脸不变色心不跳。”

欧阳海壮烈牺牲之后，作家金敬迈接受部队领导的委托，深入欧阳海同志生前所在连队和家乡体验生活，通过调查研究，积累大量历史资料，创作了长篇小说《欧阳海之歌》，1965年7月发表于上海《收获》杂志。

小说并没有仅仅把视野局限在欧阳海舍身救列车这一画面上，而是细腻地描写了欧阳海短短二十三年的生平。作者深情地写道：“他从渴望成为英雄而不是英雄，到已经成为英雄而不自觉为英雄；这是党的抚育和教导的结果，是革命战士活学活用毛主席著作的结果。欧阳海在处理个人和集体的关系上，在对待荣誉的态度上，在自我改造的思想斗争中，在帮助同志方面，在各种困难面前，一步一个脚印地成长着，终于百炼成钢，成长为一个伟大的共产主义战士。”

小说发表后，在全国引起热烈反响，发行量短时间内达到几百万册，成为当时的畅销读物。郭沫若曾高度评价这部小说“是毛泽东时代的英雄史诗，是无产阶级革命的凯歌，是文艺界树立起来的一面大红旗，而且是延安文艺座谈会以来的一部最好的作品，是划时代的作品”，它的出版“使文学赶上了时代，夺取了文艺的高地，夺取了政治的高地”。

欧阳海牺牲之后，他的弟弟和侄儿都沿着他的成长足迹先后参军，并先后担任欧阳海班的班长，学习欧阳海的精神，让这种精神在他的家族世世相传。在桂阳县欧阳海故居里，有130多块展板，29件文物，记录了欧阳海短暂而辉煌的一生。近年来，随着红色旅游日益兴盛，欧阳海故居也成为热门的红色旅游景点，人们从全国各地赶来纪念欧阳海，纪念这位爱党爱民的好战士。

案例启示

1. 将革命英烈道德品格融入日常生活实践

人们通常用不了多长时间就能欣赏完一幅画作的内容，但是要真正领略图像、色彩、布局所传达出的精神、思想则需要更加深厚的鉴赏功底和丰富的生活体验。阅读红色经典里的英雄事迹或许不需要很长时间，但是真正理解英雄们的情怀，并且在实践中锤炼自身的道德品质却不是一朝一夕能完成的事情。《刑场上的婚礼》描绘的是一对革命夫妻最后的合照，取材于革命烈士周文雍和陈铁军的悲壮爱情故事，笔墨留白之间歌颂了两位烈士纯真且高尚的情操和纯洁的爱情。欧阳海的事迹在全国广泛流传，他的家族始终把欧阳海当作榜样，身体力行地把他的精神代代相传。这是一个呼唤英雄的时代，我们应该通过阅读红色经典，致敬革命先烈，学习他们高尚的道德品质，并努力将之融入日常生活实践，为中国的下一个百年发展拼搏奋斗、添砖加瓦。

2. 新时期要继续弘扬欧阳海精神

欧阳海同志是优秀的共产主义战士，被授予“爱民模范”“100位新中国成立以来感动中国人物”等荣誉称号。他的生命虽然短暂，但高尚的道德品质却成为永久的红色财富。作为中国特色社会主义新时代的建设者，我们要继续学习和发扬欧阳海精神，学习他那种全心全意为人民服务的高尚品质、舍己为人的共产主义风格和英勇顽强的革命精神，不忘初心，奋力拼搏，在自己的岗位上贡献一分力量。

小　　结

习近平总书记曾在多个场合表达对英雄的崇敬之情，他曾指出：“我们要铭记一切为中华民族和中国人民做出贡献的英雄们，崇尚英雄，捍卫英雄，学习英雄，关爱英雄。”2016年5月，习近平在对党和国家功勋荣誉表彰工作作出重要指示时强调：“要充分发挥党和国家功勋荣誉表彰的精神引领、典型示范作用，推动全社会形成见贤思齐、崇尚英雄、争做先锋的良好氛围。”

中华民族是一个从磨难中成长起来的民族，其凤凰涅槃必定需要勇士、英雄去冲锋陷阵。当今中国正在经历百年未有之大变局，比历史上任何一个时期都要更接近中华民族伟大复兴。越是在这样的时刻，越显示出英雄烈士的担当价值和引领作用。红色经典虽然是在特定历史时段和特殊历史空间中生产和构建的，但是其内容依托于真实的革命历史，是对主流意识形态的精准把握，更是对历史事件、历史人物、历史动力、历史结果的艺术再现，承载了中华民族独立解放的真实历史记忆，其精神价值不仅仅是以革命浪漫主义为主导，呈现文学向度的审美意义，而且在更深层面上还具有展现民族气派和英雄情怀的文化意义。阅读红色经典有助于大力弘扬英雄事迹，培育发扬英雄情怀，锤炼自身道德品质。

第四章

读理想信念

概　述

中国共产党自成立以来，涌现出了千千万万优秀的共产党员，他们坚信马克思主义思想，用实际行动诠释了对共产主义远大理想和中国特色社会主义的坚守。邓小平同志多次强调："为什么我们过去能在非常困难的情况下奋斗出来，战胜千难万险使革命胜利呢？就是因为我们有理想，有马克思主义信念，有共产主义信念。我们干的是社会主义事业，最终目的是实现共产主义。""我们多年奋斗就是为了共产主义，我们的信念理想就是要搞共产主义。在我们最困难的时期，共产主义的理想是我们的精神支柱，多少人牺牲就是为了实现这个理想。"习近平总书记指出："对马克思主义的信仰，对社会主义和共产主义的信念，是共产党人的政治灵魂，是共产党人经受住任何考验的精神支柱。""我们党是否坚强有力，既要看全党在理想信念上是否坚定不移，更要看每一位党员在理想信念上是否坚定不移。”

习近平总书记高度重视从红色资源中汲取力量，坚定理想信念。2019年4月17日在重庆考察工作结束时提出，重庆要运用这些红色资源，教育引导广大党员、干部坚定理想信仰，养成浩然正气，增强“四个意识”、坚定“四个自信”、做到“两个维护”，始终在政治立场、政治方向、政治原则、政治道路上同党中央保持高度一致；2019年5月22日在江西考察工作结束时指出，我们要从红色基因中汲取强大的信仰力量……自觉做共产主义远大理想和中国特色社会主义共同理想的坚定信仰者和忠实实践者，真正成为百折不挠、终生不悔的马克思主义战士；2019年9月16日至18日在河南考察时强调，党员、干部要多学党史、新中国史，自觉接受红色传统教育，常学常新，不断感悟，巩固和升华理想信念；2020年7月24日在吉林考察工作结束时讲到，要把这些红色资源作为坚定理想信念、加强党性修养的生动教材。

红色经典作为承载红色资源的生动载体，扎根中国革命、建设和改革的现实，以小说、广播、戏剧、影视、绘画、音乐等多种表现形式，讲述了无数感人至深的红色故事，生动展现了无数革命先烈对马克思主义理论真理性和价值性的坚信、对共产主义远大理想的向往追求以及对中国特色社会主义的坚定信念。正如《焦裕禄》中忍受病痛折磨、勤勤恳恳，怀着崇高理想、为人民甘愿奉献一切的焦裕禄；《创业史》中勤劳朴实、坚韧不拔，虽然遭遇磨难却仍坚持创业的普通劳动者梁生宝；《浴血罗霄》中信仰坚定、冲锋陷阵、不惧生死的革命英雄罗霄纵队……这些栩栩如生的优秀共产党员形象伴随着红色经典作品深入人心，激励着一代又一代中国人为了共产主义理想和信念而拼搏、奋斗。

第一节 对马克思主义理论真理性和价值性的坚信

在中共中央政治局就“用好红色资源、赓续红色血脉”举行第三十一次集体学习时，习近平总书记指出，马克思主义在中国的广泛传播催生了中国共产党，马克思主义使我们党拥有了科学的世界观和方法论，拥有了认识世界、改造世界的强大思想武器……我们党的历史，是一部推进马克思主义中国化、不断丰富和发展马克思主义的历史，也是一部运用马克思主义理论认识和改造中国的历史。一百年来，我们党坚持把马克思主义基本原理同中国具体实际相结合，创立了毛泽东思想、邓小平理论，形成了“三个代表”重要思想、科学发展观，创立了新时代中国特色社会主义思想，指导党和人民事业不断开创新局。中国共产党为什么能，中国特色社会主义为什么好，从根本上说，是因为马克思主义行。

薄明华在《论马克思主义信仰的科学内涵》中提出，马克思主义信仰的科学内涵包括，“对马克思主义理论真理性和价值性的坚信，对共产主义远大理想的向往追求，对社会主义的坚定信念，对无产阶级政党的无比信任，对全心全意为人民服务的坚定执着”。马克思主义理论的真理性与价值性体现在马克思主义是一个整体，并且是一个完备的科学体系，包含四个最基本、最核心的内容：一是科学的世界观和方法论；二是鲜明的政治立场；三是重要的理论品质；四是崇高的社会理想。以《苦菜花》《创业史》《三里湾》《上海的早晨》《新儿女英雄传》《林海雪原》《铁道游击队》《吕梁英雄传》等为代表的大量红色文学作品明确彰显与生动传播了中国共产党对马克思主义理论各个方面的坚信与实践。

案例一　电影《焦裕禄》[①]

焦裕禄是马克思主义坚定的拥护者，他的一生始终坚定马克思主义信仰，把对社会主义和共产主义的信念作为毕生追求。习近平总书记曾盛赞焦裕禄“是县委书记的榜样，也是全党的榜样，他虽然离开我们50年了，但他的事迹永远为人们传颂，他的精神同井冈山精神、延安精神、雷锋精神等革命传统和伟大精神一样，过去是、现在是、将来仍然是我们党的宝贵精神财富，我们要永远向他学习”。

1990年，电影《焦裕禄》在全国上映。该片围绕焦裕禄为国为民鞠躬尽瘁的一生展开，着重选取了“火车站看望灾民”“群众为书记申冤”“自发送葬”等情节，用自然朴素的手法表现了焦裕禄热爱人民、献身于党的事业的崇高精神，极具感染力。影片从

① 参见《焦裕禄生平事迹介绍》，共产党员网，2014年5月13日。

1962年焦裕禄来到兰考县上任县委第二书记开始讲起，他看到兰考县饥民逃荒、乞丐遍地的贫困状态深受震动，为改变兰考贫穷落后的面貌，立即深入基层，访贫问苦，调查研究，制定出治理肆虐兰考百年之久的风沙、水涝、盐碱三害的方案。焦裕禄不顾肝脏经常胀痛，始终在治理“三害”第一线坚持工作，领导兰考人民艰苦奋斗，深得群众拥戴，在兰考遇到特大水灾之后，强忍病痛，始终坚持在抗灾前线。他因为肝癌去世后，近十万群众自愿赶来，组成一支浩荡的送葬队伍，将其骨灰送回兰考。电影中讲述的故事到此结束，但是焦裕禄精神却深深刻在人们心中，永久流传。

电影《焦裕禄》讲述的是焦裕禄本人的真实经历。他在兰考县工作的这段故事，最初来自长篇通讯《县委书记的榜样——焦裕禄》。这篇文章使得焦裕禄的事迹传遍全国，成为全国共产党人的光辉典范和学习榜样。在文章中，焦裕禄得知自己要去的兰考县正处于风沙、盐碱、内涝这“三害”最严重的时刻，全县粮食收入水平达到了历史最低值。党组织在焦裕禄上任前组织了一场谈话，要他在思想上做好经受最严峻考验的准备：兰考有三最，第一最苦，第二最穷，第三最难。焦裕禄坚定地回答道："感谢党把我派到最困难的地方，越是困难的地方，越能锻炼人。不改变兰考的面貌，我决不离开这里。"在兰考县工作期间，无数个深夜里，阵阵的肝痛和县委工作沉重的担子，使焦裕禄久久不能入睡。他总是在思考如何才能充分调动起群众的革命积极性，怎样才能更快地在全县范围内开展起轰轰烈烈的抗灾斗争。多年的工作经历，使焦裕禄擅长从毛泽东的著作中汲取营养。用焦裕禄自己的话来说，就是"白天到群众中调查访问，回来读毛主席著作，晚上'过电影'"。他所说的"过电影"，主要是指联系实际来思考问题，根据实践情况调整方针政策。他说："无论学习或工作，不会'过电影'那是不行的。"并且，他深刻落实群众路线，坚持从群众中来到群众中去，集中群众的智慧寻求解决困难的办法。他始终保持着高昂的革命激情和对群众的无限信任，与广大贫下中农亲切交流。他听到了许多贫下中农的要求和呼声，看到许多生产队自力更生、奋发图强的革命精神，更是在群众中学到了不少治沙、治水、治碱的办法，总结了不少宝贵的经验。焦裕禄始终坚持理论联系实际，从实践出发，常年奔波在田间地头，积劳成疾，最后因肝癌而倒下了。在生命的最后时刻，他还记挂着兰考县的人民和未完成的事业，唯一的要求是：“请组织上把我运回兰考，埋在沙堆上，活着我没有治好沙丘，死了也要看着你们把沙丘治好。”在焦裕禄精神的激励下，无数兰考人埋头苦干、艰苦奋斗，不断续写着改天换地的新篇章。

习近平总书记一直非常崇敬焦裕禄，在调研指导兰考县党的群众路线教育实践活动时指出：“要特别学习弘扬焦裕禄同志‘心中装着全体人民、唯独没有他自己’的公仆情怀；凡事探求就里、‘吃别人嚼过的馍没味道’的求实作风；‘敢教日月换新天’‘革命者要在困难面前逞英雄’的奋斗精神；艰苦朴素、廉洁奉公、‘任何时候都不搞特殊化’的道德情操。”

焦裕禄精神跨越时空，永不过时。电影《焦裕禄》通过对焦裕禄这样一个不朽的共产党员形象的塑造，生动展现了共产党人全心全意为人民服务的品质和无私奉献的精神，获得了1991年金鸡奖最佳故事片奖。

案例二 《霓虹灯下的哨兵》之南京路上好八连[①]

1963年，话剧《霓虹灯下的哨兵》正式公演，在全国引起轰动，毛泽东更是对该剧充分肯定，全国话剧团一时出现了共演一部戏的盛况。话剧《霓虹灯下的哨兵》取材自真实的南京路上好八连的故事。南京路上好八连指的是中国人民解放军上海警备区特务团三营八连。1949年3月，以毛泽东同志为核心的党中央正式从西柏坡出发“进京赶考”，南京路上好八连就是赶考中涌现的一个极具英雄主义的群体，毛泽东曾经写下《八连颂》，称赞八连“拒腐蚀，永不沾”的优秀品格。

虽然《霓虹灯下的哨兵》取材于真实故事，但最终被改编成与真实故事并不相关的文本。剧本讲述了在南京路上站岗的某部八连三排与老K特务集团斗争的故事，最终以斗争胜利结尾。在这样一个弘扬艰苦奋斗作风的故事中，掺杂了明显的符合当时时代背景的阶级斗争色彩。八连进驻上海后，奉命在南京路执

① 参见袁成亮《〈霓虹灯下的哨兵〉诞生记》，《党史文汇》2005年第11期。

行警卫巡逻任务。新中国成立之初，看似平静的上海残留着多股遗留势力。那时的南京路素有“十里洋场”之称，灯红酒绿，散发着金钱腐朽的气息，社会环境复杂。更有国民党反动分子扬言，“上海是个大染缸，共产党解放军红的进来，不出三个月，就让他们黑的出去”。八连的战士们在参军前几乎都是贫下中农，第一次面对霓虹灯闪烁的南京路，不免有些不知所措。很快，八连的战士们就有了一些“奇怪”的行为。有的人羡慕都市男女手挽手进出歌厅和影院；有的人感慨“南京路上的风都是香的”；有的人去饭店开“洋荤”，到高级理发厅理发……这些行为在话剧的第三场中集中进行了展现。排长陈喜的妻子春妮来上海看望他，但是陈喜进了上海后却发生了变化：他买了花袜子、喜欢拿着小镜子梳头。尤其是当春妮给他塞鸡蛋时，他嫌弄脏了军服；而当春妮拿手绢给他擦时，他又嫌春妮手上有味儿，手绢有腥味。陈喜对春妮的嫌弃无不与城市扯上关系，是大上海“这股资产阶级的‘香’风吹进了骨髓”，是面对“糖衣炮弹”时思想产生了发霉变质。剧里的陈喜一把扯断了从乡下带来的棉线，这一情节的设置不但是表现陈喜试图斩断与贫穷乡村的关联，更是他失去马克思主义思想坚定信念和革命根本的隐喻。话剧在阿香被害这一幕达到了高潮，问题人物童阿男、陈喜等终于认识到了自己自由散漫、信念动摇、麻痹大意的严重错误，意识到敌我斗争的严峻和哨兵们政治斗争敏锐性的退化。最后，连队指导员依靠毛泽东思想，从阶级教育入手，请来革命前辈周德贵和童阿男的妈妈给战士们上了一堂生动的政治课，真切地向哨兵们讲述了当年工人群众与国民党反动派作斗争的悲壮往事，鼓励哨兵们坚持艰苦奋斗，将革命进行到底。

剧本创作完成后，周恩来对这部剧寄予厚望。毛泽东在观看该话剧后，更是称赞这部戏写得好、演得好。后来，话剧《霓虹灯下的哨兵》改编为电影，于1964年正式上映。电影围绕陈喜、赵大大、童阿男、春妮、老班长等人入城后的经历展开，讲述了上海解放初期战士们在灯红酒绿的南京路上，如何保持全心全意为人民服务和艰苦奋斗的本色的故事。

1963年4月25日，中华人民共和国国防部授予中国人民解放军上海警备区特务团三营八连“南京路上好八连”称号。面对这场没有硝烟的战争，八连官兵时刻谨记并实践着“务必使同志们继续保持谦虚、谨慎、不骄不躁的作风，务必使同志们继续保持艰苦奋斗的作风”的箴言，他们守住了初心，始终保持着“拒腐蚀、永不沾”的高尚品格。

案例启示

1. 将马克思主义科学理论作为工作中的强大思想武器

毛泽东同志讲过：“我们敢想、敢说、敢做、敢为的理论基础是马列主义。”习近平总书记指出：“正因为有了马克思主义的指引，我们党才能做到心明眼亮、意志坚定，在关键抉择面前不摇摆，在艰难困苦面前不畏缩，在危机重重面前不消沉，信心百倍走向胜利。”焦裕禄是一名真正的共产主义战士，面对最苦最穷最难的兰考县，他许下誓言：“拼上老命大干一场，决心改变兰考面貌。”在实际工作中，他擅长从毛泽东著作中汲取营养。病重弥留之际，他留下遗言：“活着没有治好沙丘，死了也要看着把沙丘治好。”焦裕禄同志的一生彰显了共产党人生命不息、奋斗不止的责任与担当，是对马克思主义最好的诠释与最生动的践行。学习焦裕禄精神就是要从中汲取力量，将马克思主义科学理论作为工作中的强大思想武器，保持敢教日月换新天的昂扬斗志，埋头苦干、攻坚克难，努力为党和人民争取更大光荣。

2. 坚定马克思主义信仰，永葆共产党人本色

马克思主义理论表明，共产党人的初心和使命就是为绝大多数人谋利益，社会发展遵循“资产阶级的灭亡和无产阶级的胜利是同样不可避免的”规律，必将由每个人自由发展的联合体即共产主义社会代替存在着阶级和阶级对立的旧社会。党的十九大报告以“决胜全面建成小康社会，夺取新时代中国特色社会主义伟大胜利”为题，高举中国特色社会主义伟大旗帜，坚定不移坚持中国特色社会主义道路，指明了实现中华民族伟大复兴的前进方向。但是近些年来，随着科技、经济的发展，各种势力通过互联网等多种渠道进行各种意识形态的渗透，西方国家开始利用文化产品的输出，在我国推广其生活方式、思维方式、价值理念乃至政治制度等，在潜移默化中使得拜金主义、享乐主义有所蔓延。对此，我们应该向“南京路上好八连”学习，坚定对马克思主义理论真理性和价值性的信念，不忘初心，牢记使命，永葆共产党人的本色。

第二节　对共产主义远大理想的向往追求

在革命、建设和改革的各个历史阶段中，我们党既有长远奋斗目标的最高纲领，又有在每个阶段的基本纲领即最低纲领。毛泽东同志曾指出，我们共产党人的奋斗纲领，是有现在的纲领和将来的纲领，或最低纲领和最高纲领两部分的。党的最高纲领，是实现共产主义的社会制度。共产主义是人类最美好的理想社会，是社会主义经过不断发展而最终必然到达的人类社会高级形态。共产党人把实现共产主义作为最高纲领，完全符合人类社会发展的客观规律。然而，实现共产主义毕竟是一个非常漫长的历史过程，需要经历若干历史阶段；在每个历史阶段，党必须制定和实施符合该阶段具体实际和要求的行动纲领，即最低纲领。如我们党在革命战争时期曾制定和实施了新民主主义革命的纲领，在新中国成立初期曾制定和实施了新民主主义向社会主义过渡的纲领，在新的历史时期又制定和实施了社会主义初级阶段的基本纲领。

习近平总书记强调："没有远大理想，不是合格的共产党员；离开现实工作而空谈远大理想，也不是合格的共产党员。"以马克思主义为指导思想的中国共产党，在党章中始终把实现共产主义作为党奋斗的最高纲领，并要求所有共产党员在为共产主义理想而奋斗的过程中要脚踏实地做好当前的事情。理想因其远大而为理想，信念因其坚定而为信念。通过红色经典，我们能清楚地看到在共产主义远大理想这一最高纲领下，千千万万共产党人不惜抛头颅、洒热血的历程。

案例一　萧克将军与《浴血罗霄》[①]

有这样一本书，从动笔到正式出版历经五十多年，被誉为中国军事文学史上的奇书。这就是萧克将军创作的《浴血罗霄》，它于1988年正式出版。这本书主要讲述了第二次国内革命战争时期，罗霄纵队为配合中央红军的战略决策而北上，生动展现了以罗霄纵队司令郭楚松为代表的共产党员的高风亮节。

作者萧克是一位身经百战的老将军，在1937年受到苏联作品《铁流》的启发，决定创作一部反映中国革命、记录我军辉煌战绩的艺术作品。经过慎重思

① 参见黄国柱《战争亲历和艺术创造的结晶——评萧克将军的长篇处女作〈浴血罗霄〉》，《文艺理论与批评》1991年第5期。

考，萧克决定以第二次国内革命战争为背景，以红军的一个纵队作为主要描述对象，围绕这支队伍突破敌人围追堵截成功完成任务展开。故事情节以他的亲身经历、直接经验为基础，书中的人物以与他朝夕相伴的红军指战员为原型，力求把当时的政治、军事和生活形象生动地反映出来。当时正值国内局势动荡之际，萧克身为红军高级将领，公务繁忙，只能见缝插针地进行创作。刚写了几章，八路军就奔赴抗日战争前线，写作只能暂时搁置了。此后，他在战争中断断续续地写作，可以说战争打了多久，萧克就写了多久。有时候在休息的夜晚创作，有时候在躲空袭的间隙创作，就这样，两年多的时间里，萧克最终创作出四十多万字的初稿。但在当时紧张又激烈的战争环境里，他再也没有时间好好修改这部初稿。

1985年底，萧克从一线工作退下后，才正式开始修改初稿。时隔已久，为了体验当年的真情实感，萧克特意到南方曾经战斗过的地方走了一遍。之后，经过精心打磨，这本书终于在1988年正式出版。

作为一部战争题材小说，《浴血罗霄》着力描绘了红军真实的作战经历和日常生活。因为萧克的高级将领身份，他笔下的红军罗霄纵队转战湘赣的战斗历程表现出一种十分质朴而又全局在胸的战争真实。故事中，由司令员郭楚松带领的罗霄纵队，是在中央红军主力北上抗日、和中央通信不畅、在战略意图不明确的情况下离开苏区北上的。而在此时，国民党部队尾随在后，对罗霄纵队一路围追堵截，形势非常危急。郭楚松和其他的指挥员不得不常常自己作出战略决策，来决定队伍的生死存亡。在各种激烈的战斗中，罗霄纵队的成员们出生入死、几经波折，终于巧妙地从敌人的围追堵截中脱身。由于连续行军的疲劳，“大天亮后，还没有一个人醒来，战斗员不作战斗准备，在睡；炊事员不挑水不煮饭，在睡；饲养员不喂马，在睡；侦察员没有去侦察，在睡；马伏在地下，垂着耳朵，闭着眼睛，也在睡。总之，罗霄纵队所有的人马，都在睡，睡，睡”。几个“睡”字展现了纵队成员在连日作战后的极度困倦，以至于敌人的枪声大作时，仍然唤不醒。而这样惊心动魄的紧急情况在萧克笔下却是娓娓道来，这样运筹帷幄的气度和场面，也只有作为战争亲历者的萧克将军能够真实再现。此外，作者并没有在书中刻意塑造某个英雄形象，而是朴素而形象地写出了许许多多红军指战员处处都在、时时都有的很普通的革命英雄主义情愫。比如，团长朱彪是一个从贫农子弟成长为参加过南昌起义、闽赣游击战争以及几次反“围剿”的临危不惧、气势昂扬的英雄，在描写他中弹后牺牲的场面时，语言非常简洁：“朱彪立即从战壕站起，命令左侧的一营：‘你们快撤！’突然一颗子弹呼啸着击中他胸部，他向后一仰倒在地上，通信员喊两声团长，他没有回答。”战争中许许多多的牺牲都是这样偶然、意外和简单。

在革命战争年代，在追求共产主义这一最高纲领下，还有最低纲领，主要是解决当时所面临的矛盾与问题。《浴血罗霄》这本书的背景设置在第二次国内革命战争期间，共产党已经建立了一些革命根据地，并且在农村形成星火燎原之势。而这场革命的主要焦点便是农民的土地问题。小说中，红军在紧张战斗的间隙依然深入群众、广泛开展群众工作，每到一处便积极开展土地革命，把握住了这个至关重要的关键问题。也正是如此，红军能够一次又一次地绝处逢生、闯过难关。

“几度难关风雨多，罗霄浴血知高矮。”无数革命先辈为了能够实现革命胜利和中国独立解放，将个人生死置之度外，坚定革命信仰和对共产主义理想的追求，冒着硝烟与战火，勇往直前。这部长篇小说之于萧克将军不仅是对戎马生涯的记录，也是一种晚年的精神寄托；既是对早年光荣而艰苦生活的回忆，也是对未来的希冀和厚望。

案例二　李英儒与《野火春风斗古城》[①]

在革命战争时期，除了在公开战场上浴血杀敌的同志们，还有一些在敌占区做地下工作的同志。为了党的事业和共产主义理想，他们隐姓埋名，甘愿付出一切，在敌占区发动群众、组织群众，与敌人斗智斗勇。《野火春风斗古城》就是一部讲述我党地下工作者真实生活的文学作品。

在1942年到1943年抗日战争最艰苦的时期，党中央号召“向敌后的敌后进军”，在大量组织武工队的同时，派遣了一批干部深入北平、天津等城市和交通要道，开展地下工作，以赢得战事主动权。李英儒就是这群干部中的一员。他被派至敌伪河北省省会保定市从事地下工作，深入敌伪军中进行分化瓦解，组

① 参见董保存《革命者斗争经历的生动写真——长篇小说〈野火春风斗古城〉创作故事》，《党建》2019年第11期。

织工人、学生和市民与敌伪作斗争，并开辟出一条由冀中通往山区（即晋察冀抗日根据地、晋绥抗日根据地）的秘密交通线。新中国成立后，李英儒一直想把地下斗争的经历记录下来，他在该书的序言中写道："我有意识地想表现党在这一战线上的胜利。我以野火比作敌人的凶焰，以春风比作党的力量，任你敌人的凶焰再高，也烧不尽中国人民革命的有生力量。经过党的春风化雨，终究会取得斗争的胜利，被蹂躏的中国大地，终将云散烟消，晴空万里，呈现出一片欣欣向荣的景象。"于是他以自身生活和斗争经历为素材，创作了《野火春风斗古城》这部小说，历时三年半完成，于1958年正式出版。

小说通过讲述杨晓冬、金环、银环等我党地下工作者与敌人的周旋和顽强斗争，反映了抗日战争时期地下战线斗争的复杂、紧张和尖锐，以及这一斗争对取得胜利的重要作用。书中的主人公杨晓冬的原型就是李英儒本人，银环的形象则是参考了妻子张淑文做交通员时的一些故事。小说中，杨晓冬团结依靠银环、韩燕来、周大伯等人，争取、利用一切能够利用的社会关系，对敌伪势力进行分化瓦解。在一系列细致的工作和险象环生的斗争中，杨晓冬的母亲、银环的姐姐金环相继牺牲。因为取材于作者的真实生活经历，小说具有非常强烈的历史现场感，敌占区里动荡而黑暗的局势、混乱又喧嚣的生活，与地下工作者们的紧张斗争和革命乐观精神形成对照，成功塑造了一系列有血有肉、生动鲜活的形象，热情颂扬了中国人民的爱国主义精神。

小说主人公杨晓冬作为一名中级领导干部，既能与群众打成一片，过着艰苦朴素的劳动者生活，也能与下级同志们一起出生入死。每次接到任务后，他总是会冒着危险亲临战斗的最前线，亲自散发抗日传单、智斗敌伪省长、夜入伪军商会。一定程度上，杨晓冬的形象是中国共产党优秀领导干部的缩影。李英儒离开家乡参加革命以后，母亲也在抗日战争中英勇牺牲。在塑造小说中杨晓冬的母亲形象时，他想到了自己的母亲，许多细节都取自自己的母亲。此外，他还研究了一些中外文学作品中母亲的形象，把她们做了分析比较，搜集了许多英雄母亲的感人事迹，回忆想象了许多农村母亲的形象，比如回民支队马本斋的母亲马老太太，以及冀中五一大“扫荡”前后掩护过他的几位房东老大娘，作者经过反复琢磨、推敲，树立了杨老太太这样一个为革命献身的伟大母亲形象。

小说发表之后，在全国引起轰动，人们争相购买阅读。媒体上发表了大量评论文章，可谓好评如潮：这部作品题材新颖，情节曲折，人物饱满，鲜活生动，是新中国成立以来优秀的长篇小说之一。叶圣陶先生更是称赞其为一部激动人心的优秀作品。这本书很快引起了电影界的关注，多方协调之下，最后由八一电影制片厂承担拍摄任务，并由李英儒、李天、严寄洲三人共同完成电影剧本的创作。

理想指引人生方向，信念决定事业成败。邓小平同志说："在我们最困难的时期，共产主义的理想是我们的精神支柱，多少人牺牲就是为了实现这个理想。"《野火春风斗古城》中地下工作者们为了追求共产主义理想，不畏艰险，艰苦斗争，他们崇高的情怀引起了广大读者的共鸣。小说多次被改编为同名电影、电视剧，后来更是被改编为民族歌剧，在全国久演不衰。

案例启示

1. 共产主义理想是永恒的追求

人类历史的发展是有规律的，历史进程受内在一般规律支配，是由低级向高级发展的。共产主义代表了人类未来发展的必然趋势，表达了人们对未来社会的美好构想，是共产党人的最高理想。从第二次国内革命战争时期浴血奋战的罗霄纵队，到抗日战争时期在敌占区英勇斗争的地下工作者，一代又一代的共产党人始终坚定对共产主义远大理想的追求，带领人民群众彻底结束了半殖民地半封建社会的历史，取得了新民主主义革命的胜利，完成了社会主义革命，确立了社会主义基本制度，推进了社会主义建设，开辟了改革开放的新征程，实现了中国人民从站起来到富起来再到强起来的伟大飞跃。在今天，我们虽已远离战火纷飞的险境，过着和平的生活，但一定要警惕理想信念缺失的“软骨病”，要将共产主义理想作为永恒的追求，不断夺取新时代中国特色社会主义新的胜利。

2. 脚踏实地，实现全面发展

无论是《浴血罗霄》中的罗霄纵队，还是《野火春风斗古城》中的杨晓冬，他们都坚定信仰、坚守阵地完成自己的任务，实现了个人价值。每个人的全面自由发展是马克思主义的价值追求，也是共产主义社会的根本价值所在，包括人的能力、人的社会关系以及人的个性的发展。无论是人的全面发展还是共产主义的实现，都是一个渐进的历史过程，二者是对应共生的。个体应该脚踏实地，在把握人的发展内涵基础上积极塑造自我，提升自我，实现自我，这种积极的能动性为共产主义理想的逐步实现提供资源和条件。反过来，共产主义理想每前进一步都是为个体寻求更高层面的发展提供平台和支撑。

第三节　对中国特色社会主义的坚定信念

中国特色社会主义符合中国进步的根本方向和社会发展规律，是共产主义最高理想在现阶段的具体体现，是中国发展的必由之路。习近平总书记指出："共产主义是我们党的远大理想，为了实现这个远大理想，就必须坚定中国特色社会主义信念。”“历史和现实都告诉我们，只有社会主义才能救中国，只有中国特色社会主义才能发展中国，这是历史的结论、人民的选择。”

社会主义信念是指对社会主义理论正确性、社会主义运动正义性和社会主义制度优越性的坚信。红色经典记录了中国共产党领导中国人民进行的一系列重大事件和重要举措，形象展现了在发展和坚持中国特色社会主义过程中国家发展变化的历程以及取得的成就和进步。《山乡巨变》讲述共产党员邓秀梅接受组织任命，来到偏僻山村清溪乡和当地农民一起建立合作社，最终带领农民走上集体化道路，赢得了秋季丰收，表现了社会主义制度及其具体举措为农民切实带来的好处，显示出社会主义理论的正确性。《三里湾》《创业史》《上海的早晨》《乡场上》《新星》《沉重的翅膀》等作品展现了中国特色社会主义制度的建立与发展，体现出这一制度的合理性和优越性，坚定了人民对中国特色社会主义的信念。

案例一 《创业史》[①]

《创业史》是作家柳青创作的长篇小说。小说围绕梁生宝互助组的发展展开，表现了中国农业社会主义改造进程中的历史风貌和农民思想情感的转变。作者在叙事时将农业合作化这一进程放在了中国的历史长河中考察，并没有只围绕农村合作化展开叙述。这样的设计，更能显示改造发展农业是顺应历史发展趋势的行为，坚持中国特色社会主义是历史的必然。

小说创作于20世纪50年代，是“十七年时期”农村题材作品的优秀代表。在主题思想上，小说紧紧围绕农村合作化运动这一伟大进程，通过一个村庄各阶级人物在合作化运动中的变化过程，向读者展示中国农村为什么会发生社会主义革命以及这次革命是怎样进行的。在内容布局上，小说以蛤蟆滩小村落作为切入点，时间线从1929年开始，讲述了梁家三代人的创业史以及其他农民在当时的苦难遭遇，描述了生活演进的过程，无论是在深度上还是广度上都集中概括了我国农业合作化运动初期的社会矛盾与冲突，尤

① 参见刘建国《从史诗性看柳青〈创业史〉的文学使命》，《曲靖师范学院学报》2021年第4期。

其是典型化地去揭示由私有制转变为公有制过程中的人物思想和心理变化过程。

小说的主人公是梁生宝，他是带领个体小生产者的农民走农业合作化道路的领头人，是进步的、新的生产关系形成过程中孕育出来的先进分子。他出身农民，一出场就具备了沉着、冷静、思想觉悟高等一系列成长为合格的共产党员的性格特征。历经苦难，他后来成长为一名优秀的共产党员干部。梁生宝的一句口头禅就是“有党领导，我慌啥”。他处处把集体利益放在首位，为了农村合作化事业献出了自己全部的精力。他善于独立思考，颇具胆魄，办事果断，谦虚谨慎；他认真亲切，富有理想而又脚踏实地，坚持原则而又通情达理，是一个党性与人情味融为一体的艺术形象。在梁生宝身上，我们不仅看到了20世纪50年代初农村党员干部的优秀品质，还看到了中国农民善良、老实、谦和、忠厚的传统优点。

在《创业史》第一部的“写作说明”中，柳青将写作计划分为四个部分：第一部写互助组阶段；第二部写农业生产合作社的巩固和发展阶段；第三部写合作化运动的高潮；第四部写农村人民公社的最终建立。由于种种原因，作品并没有全部完成，作者在创作完第二部后就去世了，但这并不妨碍这部作品的历史价值。作品塑造了不同类型的典型人物，深度还原了重大历史事件，形象展现了中国农村的复杂情况，叙述了农村合作化运动的艰难历程。

梁家三代人中，梁三父亲艰难创业，给梁三置办了三间房屋，为他娶了媳妇。但是梁三命运不济，牛死妻亡，天灾人祸，使得父亲留下的三间房屋被接连变卖，最后只留下破败的房屋、疾病和回忆，之后梁三把逃难到蛤蟆滩的4岁宝娃和其母亲带回家中，萌发了创业的念头并努力去实现，但是却没有找到合适的“业”。梁三的儿子梁生宝接替梁三继续创业，但辛苦种植十八亩稻田的收获，最后却被高利贷、地租敲诈殆尽，创业也最终失败。梁家创业的屡次失败，真实反映了农民在旧社会的悲惨境遇——无论怎么努力，都很难过上吃饱穿暖的生活。从这个角度来讲，《创业史》讲清楚了农业合作化的背景和必要性，生动诠释了中国共产党以人民为中心的理念，说明坚持中国特色社会主义的必要性。

案例二 《新星》[①]

习近平总书记在庆祝改革开放40周年大会上指出："40年的实践充分证明，改革开放是党和人民大踏步赶上时代的重要法宝，是坚持和发展中国特色社会主义的必由之路，是决定当代中国命运的关键一招，也是决定实现'两个一百年'奋斗目标、实现中华民族伟大复兴的关键一招。"只有坚持改革开放，才能坚持和发展中国特色社会主义。

我国著名作家柯云路创作的《新星》是一部反映改革开放初期历程的长篇小说，主要讲述了新上任的理想改革派县领导——李向南在古老的中原县城古陵的改革经历。李向南无疑是一位开拓者形象，他对中国厚重的历史以及现状有着清醒的认识。

小说里的古陵县，是一个亟待发展出新局面的县城。这座小城在春秋时就小有名气，远古的化石、粗糙的石器、阴冷的青铜、荒芜的堡墙连同蜿蜒而过的铁路、悠扬飘荡的山歌，酝酿出一种横穿古今的沧桑感。但是这座城市的内部结构出现了严重的问题，蒙

① 参见杨庆祥《〈新星〉与"体制内"改革叙事——兼及对"改革文学"的反思》，《南方文坛》2008第5期。

冤的百姓呼唤着“青天”大人的再现、卖凉粉的老人拼命挣钱只为了修个龙王庙求雨、小学生们挤在破小的窑洞里学习，而公社的豪华办公室空置、原县委书记的儿子触犯法律却被包庇等，这一切都深深震撼了李向南。如此现状逼迫李向南采取非常规的做法，不是“先不露锋芒，拉住干部，再看机会一步步来”，而是“先展开工作，打出旗帜，震开局面，赢得民心，取得政治上的优势，然后再回过头来做一些干部的工作，把政治优势转化为组织上的优势”。确定好工作策略，他审时度势，以党内存在的低效率、风气不正等官僚主义为突破口，安排了一系列足以震动古陵县的工作措施。他查询信访工作，召开提意见、提建议大会，处理冤假错案，只用一天时间解除了吴嫂因为分房不公而遭受的迫害，三天洗清了农妇上访五十次都没有结果的冤情，十分钟解决了魏祯上访七十多次、报告三十多次都没解决的住房问题，将走私银圆的几个县常委子弟缉拿归案，并以一天处理十四件积案的高效率赢得了民心，被群众亲切地称为“李青天”。

李向南的改革规划总共有四条。第一，改革的目标，就是让古陵县尽快富起来；第二，发展并稳定家庭联产承包责任制度，该制度最早在安徽小岗村试点，后来推广到全国；第三，解决粮食生产、农副业发展、乡镇企业发展、旅游业发展问题；第四，涉及经济改革的方向，强调经济改革顺应社会主义发展方向，这同样也是在落实中央1983年的3号文件精神，即在发展经济的同时要“大力加强和改进党在农村的思想工作”，确保经济改革的政治正确性。李向南在小说中推行的改革政策，几乎是20世纪80年代其他地区真实经济政策的记录。但实际上年轻的政治新星，在推行改革措施时遇到了强大保守势力的抵抗和压制，同以顾荣为首的官僚体系不可避免地产生了冲突。在古陵县这一小小县城内，经济落后，社会关系复杂，关系盘根错节，所谓“北京帮”和地方干部、改革者与阻挠者、干部与群众、国家和个人、科学和愚昧、执法与违法等矛盾纠缠在一起，使改革每前进一步，都要付出巨大的努力。但是李向南坚信自己必胜，因为他有对社会主义发展的坚强信念和上级党组织的支持。

柯云路这部小说创作于20世纪80年代初，小说的背景是改革开放初期，正处于改革的第一阶段。某种意义上讲，这部小说是和历史同步的。作品出色地塑造了李向南这一新型政治家的形象，故事的结局，李向南最终被调离古陵县。虽然小说没有指明真正的改革方向，但它的确传达了一种“改革理念”。人们从《新星》、从李向南身上看到了社会与时代的需求。在《新星》扉页上，写着这样一句话：“说他是新星，因为他刚刚升起，因为他正在闪烁……”

案例启示

1. 坚定理想信念是共产党人安身立命的根本

习近平总书记强调：“全党理想信念坚定，党就拥有无比强大力量；全党理想信念淡薄，党就会成为乌合之众，风一吹就散。”《新星》中，古陵县的个别官员，丧失对共产主义的信仰、对中国特色社会主义的坚定信念，人浮于事、不负责任、脱离群众的官僚主义现象十分严重，使得群众抱怨，经济难以发展。中华民族伟大复兴之路任重而道远，我国当前正处于百年未有之大变局，是各种风险挑战不断积累甚至集中显露的时期，更应该警惕像古陵县这种信仰动摇的情况。只有理想信念坚定，才能做到党性坚强、党纪严明；才能确保政令畅通、决策落地生根；才能真正坚持和发展中国特色社会主义，昂首阔步走好中国特色社会主义道路。

2. 阅读红色经典，增强对中国特色社会主义的信念

习近平总书记在广西考察时强调："要增强对中国特色社会主义的信念，教育引导广大党员、干部深刻认识到，中国特色社会主义是历史发展的必然结果，是发展中国的必由之路，是经过实践检验的科学真理，始终坚定道路自信、理论自信、制度自信、文化自信。"《创业史》不仅说明农业合作化的背景和必要性，更生动讲述了社会主义革命的进程以及发展中国特色社会主义的必然性。《新星》通过讲述李向南在古陵县的改革，指出改革虽然艰难，但是顺应历史潮流，因而不可避免。改革开放是决定当代中国命运的关键抉择，促成了马克思主义中国化的第二次历史性飞跃，发展了中国特色社会主义。通过阅读红色经典，能够深刻了解中国的发展历程，从而进一步坚定、增强对中国特色社会主义的信念。

小 结

建设坚强的马克思主义执政党，首先要从坚定理想信念做起。习近平总书记强调：“坚定理想信念，坚守共产党人精神追求，始终是共产党人安身立命的根本。对马克思主义的信仰，对社会主义和共产主义的信念，是共产党人的政治灵魂，是共产党人经受住任何考验的精神支柱。形象地说，理想信念就是共产党人精神上的‘钙’，没有理想信念，理想信念不坚定，精神上就会‘缺钙’，就会得‘软骨病’。”

红色经典是增强对马克思主义理论真理性和价值性的坚信、对共产主义远大理想的向往追求、对中国特色社会主义坚定信念的生动载体和有效途径，红色经典以强烈的史诗意识和高度的艺术概括力，分别从不同的方面和角度反映了新民主主义革命时期、社会主义革命和建设时期艰苦卓绝的斗争，真实展现了中国人民在中国共产党的领导下所走过的光辉而艰巨的历程。阅读这些作品，不仅能看到像焦裕禄、“南京路上好八连”、杨晓冬、罗霄纵队、梁生宝等共产党人是如何坚持和发展马克思主义，如何为实现共产主义远大理想而英勇斗争、艰苦奋斗，如何践行对中国特色社会主义的坚守，更是一次洗涤心灵、坚定自身理想信念的过程。要进一步发挥红色经典的教育意义和鼓舞作用，善于把崇高理想信念转化为日常工作生活中的具体行动，在全面建设社会主义现代化国家新征程上披荆斩棘、勇毅前行。

第五章

读初心使命

概　　述

党的十九大报告指出："中国共产党人的初心和使命，就是为中国人民谋幸福，为中华民族谋复兴……实现中华民族伟大复兴是近代以来中华民族最伟大的梦想。中国共产党一经成立，就把实现共产主义作为党的最高理想和最终目标，义无反顾肩负起实现中华民族伟大复兴的历史使命，团结带领人民进行了艰苦卓绝的斗争，谱写了气吞山河的壮丽史诗。"报告还指出："中国共产党是为中国人民谋幸福的政党，也是为人类进步事业而奋斗的政党。""中国共产党始终把为人类作出新的更大的贡献作为自己的使命。"新时代，中国共产党人的初心和使命有着更宽广的世界胸怀和更丰富的时代内涵。这个内涵就是习近平总书记在中国共产党与世界政党高层对话主旨讲话中提出的为中国人民谋幸福、为中华民族谋复兴、为人类谋和平与发展。不忘初心，牢记使命。初心和使命是最高纲领和奋斗目标，是激励中国共产党不断奋斗前行的动力。

阅读红色经典，通过文本、话剧、绘画等可以进一步深刻理解中国共产党的初心和使命。《太阳照在桑干河上》以小村落的故事生动展现了中国共产党在农村地区开展的土地革命运动，见证了中国共产党如何带领农民逐步实现“耕者有其田”；歌剧《白毛女》用白毛仙姑喜儿的故事生动讲述了旧社会农民与地主的矛盾，传递了“旧社会把人变成鬼，新社会把鬼变成人”的创作主题，证明了只有共产党领导的人民革命，才能彻底消除封建势力，使得中国人民获得解放；《谁是最可爱的人》以短短几千字展现出中国人民志愿军在朝鲜战场上的英勇无畏和国际主义情怀等。历史是最好的教科书，要从红色经典中重温中国共产党的初心和使命，从革命先烈的故事中汲取力量。

第一节　为中国人民谋幸福

马克思和恩格斯在《共产党宣言》中指出，无产阶级的运动是绝大多数人的、为绝大多数人谋利益的独立的运动。中国共产党成立之后，经过二十八年的浴血奋战，带领人民完成了新民主主义革命，建立了中华人民共和国，实现了中国人民的当家做主。中国共产党的百年奋斗历史，本质上是党和人民心连心、同呼吸、共命运的历史，党相继提出了“全心全意为人民服务”“有利于人民生活水平的提高”和“以人为本”等理念。习近平总书记强调：“我们党发展壮大起来不容易，夺取政权不容易，建设新中国不容易。老百姓衷心拥护中国共产党，就是因为中国共产党始终全心全意为人民服务、为各民族谋幸福。”“人民立场是中国共产党的根本政治立场，是马克思主义政党区别于其他政党的显著标志。”“为人民而生，因人民而兴，始终同人民在一起，为人民利益而奋斗，是我们党立党兴党强党的根本出发点和落脚点。”红色经典以不同的形式、故事、人物展现出百年来我党始终为中国人民谋幸福、为中华民族谋复兴的初心和使命。

案例一　歌剧《白毛女》[①]

在晋察冀边区，曾经流传着白毛仙姑的民间故事，这位“仙姑”名叫喜儿，因为饱受迫害而少白头，因此被称为“白毛仙姑”。1945年，延安鲁迅艺术学院据此情况集体创作出著名歌剧《白毛女》，深受群众欢迎。歌剧《白毛女》同年在中国共产党第七次全国代表大会上演出，毛主席看过后深受感动，对这部歌剧非常满意。

歌剧《白毛女》取材自民间故事，共有五幕，讲述了白毛仙姑“喜儿”与旧社会抗争的故事，深刻表达了封建剥削制度“使人变成鬼”，新社会“使鬼变成人”的主题。喜儿原本和父亲杨白劳相依为命，但是当地的恶霸黄世仁逼死了杨白劳，抢走并奸污了喜儿，最后逼得喜儿不得不逃出黄家，藏匿在深山丛林里。在山上，喜儿早产的孩子夭折了，她抱着强烈的复仇意志顽强地活了下来，但极其艰苦的山林生活却使她的一头黑发变成了白发。喜儿常去山中的奶奶庙取供果和香火，有人遇见，便传说遇到了白毛仙姑。

① 参见王子姣《中国戏剧之经典——〈白毛女〉》，《戏剧之家》2022年第4期。

两年后，八路军的部队途经此地，解放了这个地区，领导农民镇压了地主黄世仁，将喜儿解救出来。从此喜儿获得彻底的翻身，开始了新的生活。全剧通过喜儿的遭遇，概括了旧社会亿万农民倍受压迫的苦难历史，成为中国近代历史中揭示旧社会丑恶极为深刻且影响力非常大的一部戏剧作品。

中国的封建王朝制度持续了两千多年，直到1911年辛亥革命推翻清王朝建立中华民国时，才被瓦解。清政府被推翻后，新的社会秩序并没有完全建立，几千年来封建制度对于人的压迫没有就此终结，地主与农民的土地问题依然十分突出，封建思想依然牢牢束缚着人民。军阀割据混战，局势动荡，老百姓依然生活在水深火热之中。20世纪20年代，大革命失败后，中国革命进入了低潮期。1927年，毛泽东领导秋收起义后，到达井冈山地区，开展土地革命，发展武装力量，恢复和建立党组织，领导人民打土豪分田地，进而建立了第一个农村革命根据地。深受封建势力压迫的群众觉醒了，在共产党的领导下积极参加革命。进入30年代，国内形势更加严峻，封建势力、官僚资本和帝国主义“三座大山”压迫着劳苦大众。因此，《白毛女》中所揭示的地主与农民的矛盾具有普遍性，这样的作品不仅能解放思想，更能极大地鼓舞群众参与革命。正如歌剧《白毛女》在延安上演后，中共中央办公厅传达毛泽东、周恩来等领导人的意见："中国革命的基本问题是农民问题，所谓农民问题主要就是农民反对地主阶级剥削的问题。在抗日战争胜利后，这种阶级斗争必然尖锐起来，这个戏既然反映了这种现实，一定会广泛地流行起来。"

歌剧是一种综合音乐、舞蹈、诗歌并且以歌唱为主的舞台艺术。《白毛女》的成功与其中多首感人至深的歌曲密不可分，喜儿的唱段更是经典，体现了不同时期的心路历程和情感变化。第一幕喜儿出场时，用歌曲《北风吹》讲述了故事发生的具体情境："北风吹、雪花飘，雪花飘飘年来到。爹出门去躲账整七天，三十晚上还没回还。大婶子给了玉茭子面，我等我的爹爹回家过年。"这时的喜儿还是天真烂漫的少女，生活虽然艰苦，但依然保持着希望。第三幕第三场的唱段《我要报仇！我要活》："想要逼死我，瞎了你眼窝，掏不干的水，扑不灭的火！我不死，我要活！我要报仇，我要活！"几句歌词唱出了喜儿内心的悲愤，此时她正遭受压迫与欺凌，已经脱离了天真烂漫的时期，决心要反抗地主，在绝境中求生存。在唱段《恨似高山仇似海》中，全剧气氛达到了高潮，喜儿内心的情感更是达到了巅峰，“恨似高山仇似海，路断星灭我等待，冤魂不散我人不死，雷暴雨翻天我又来……你可知道我有千重恨，你可记得我有万重仇，山洞里苦熬三年整，我受苦受罪白了头……我要报仇，恨似高山仇似海”。为了能够深刻表达喜儿对命运不公的强烈控诉，这个唱段采用了女主人公哭腔的唱法，旋律高亢、激扬，散板的运用使这段唱腔充满鲜明的朗诵性与戏剧性冲突，使听众仿佛置身其中，极具感染力。这段唱词引出了第四幕解救喜儿的大合唱，虽然旧社会充满黑暗，但是广大劳动人民即将迎来光明。总体来看，每个唱段跟随着喜儿这个角色不同时期的遭遇发生着变化，情感也在不断地丰富，使得人物形象更加生动立体。喜儿不仅是旧社会剥削压迫和苦难的承受者，而且还是劳动人民反抗精神的体现者，因而具有鲜明的时代特征和典型意义。

《白毛女》中地主与农民的矛盾，是几千年来封建势力压迫人民的突出表现。它强调了广大人民群众的根本利益，唤醒了他们翻身解放的渴望和意识：只有拿起枪杆子跟着共产党走，才能由旧社会的“鬼”变成新社会的“人”。这部歌剧在当时取得了巨大的成功，无论是艺术层面还是社会层面，都产生了深远的影响。毛泽东对这部剧非常满意，对白毛女故事的起源地——晋察冀平山县印象深刻，1947年在离开陕北选择新的党中央根据地时，他说："你们到白毛女的故乡去吧！"而西柏坡村正是在平山县。

案例二　从《暴风骤雨》到《山乡巨变》[①]

1946年5月4日，中共中央发布《五四指示》，决定将抗战以来实行的减租减息政策改为没收地主土地分给农民，从而进一步实现"耕者有其田"。从此，一场轰轰烈烈的土地改革运动在解放区展开。这标志着解放区在农民土地问题上，开始由削弱封建剥削向废除封建剥削制度过渡，这是中国共产党土地政策的重要改变。在此背景下，周立波创作了长篇小说《暴风骤雨》。小说聚焦东北地区一个叫元茂屯的村子，描绘了这个村子从1946年到1947年土地改革的全过程，将新民主主义革命时期农村地区激烈的阶级斗争

① 参见唐伟《中国经验与中国小说的忠实传承者——以〈暴风骤雨〉和〈山乡巨变〉为例重读周立波》，《中国当代文学研究》2022年第1期。

展现在读者面前。

《暴风骤雨》分为上、下两卷，讲述了土改期间对韩老六的三次斗争会、土改后期复查和深入“砍挖”（即“砍大树　挖财宝”运动）的过程。上卷主要围绕三次对地主韩老六的斗争会展开剧情。元茂屯土改工作队进村后召开的第一次贫雇农大会没能有效发动群众，只有赵玉林一人真正被“发动”起来控诉，其他人并没有完全理解“斗争”，只是觉得惊奇或者怀疑，持观望的态度。第二次斗争会虽然发动了一定数量的群众，但是在韩老六的几句检讨声中，就让“斗争的情绪，又往下降”，以致出现了“人家就是地多嘛，叫他献了地，别的就不用多问了”的议论，依旧以失败告终。在第三次斗争会上，除了继续发动群众以外，韩老六鞭打小猪倌的行为引起众怒，从而进一步揭发批斗韩老六的恶霸罪行，成功将其斗倒。小说下卷主要讲述的是带有复查和整顿性质的“煮夹生饭”的过程。复查主要是为了巩固土改的成果，纠正运动中出现的偏差。一方面，重新夺回被坏人篡夺了的农会大权。土改工作队离开后，原来农会的领导人郭全海等失去了工作的主动性和独立性，难以守卫土改的成果；另一方面，斗争的对象不再是像韩老六这样的地主恶霸，而是吃斋念佛、“修来世”不离口的杜善人和舍命不舍财、胆小懦弱的唐抓子之类的“坏须”了。在郭全海的带领下，最终斗垮了虚伪狡诈的杜善人，之后郭全海带头参加了人民解放军，南下作战。

《暴风骤雨》成功塑造了赵玉林、郭全海等在中国共产党教导下快速成长起来的新型农民形象，他们的成长并不在炮火纷飞的战场上，而是经历了激烈的农村土地改革运动，逐步成长为无产阶级革命时代新式农民英雄的先锋战士。周立波在谈到这部小说的创作动机时说他是“想借着东北土地改革的生动丰富的材料，来表现我党二十多年来领导人民反帝、反封建的雄伟而艰苦的斗争，和当代农民的苦乐与悲喜，以教育和鼓舞广大的革命群众”。从这个角度来讲，无论是表现主题还是塑造人物，都与作者的创作初衷契合。

土地改革之后，许多贫农成了中农，中农既是小生产者，又是小私有者。1949年新中国成立后，党内对于农村地区贫富差距拉大的问题存在意见分歧。针对现阶段要不要削弱以至动摇农民小私有基础的疑问，毛泽东指出，“中国的合作社依靠统一经营形成新生产力，去动摇私有基础，也是可行的”，促使党内在引导农业互助组织走向较高级形式的问题上统一了认识。1951年9月，中共中央制定了《关于农业生产互助合作的决议（草案）》，肯定了农民对个体经济和劳动互助的“两种积极性”，要求根据生产发展的需要和可能，大量发展劳动互助组，在条件比较成熟的地区，有重点地发展土地入股的初级农业生产合作社。同时，不能忽视、更不能粗暴地挫伤农民个体经济的积极性。这个决议草案下发各地试行后，农村互助合作有了较大发展。在这一时代背景下，周立波于1959年创作了长篇小说《山乡巨变》，以一个小村落从初级社发展到高级社的故事，艺术地展现了合作化运动前后，中国农民走上集体化道路时的精神风貌和新农村的社会面貌。

《山乡巨变》从邓秀梅的上任展开叙述。1955年，团县委副书记、共产党员邓秀梅接受任命来到偏僻山村清溪乡和当地农民一起建立合作社。但是这个偏僻的乡村，思想封建固化，私有观念、陈旧陋习根深蒂固，严重束缚着人们的思想和行动。再加上一些人的刻意破坏，有些农民迟迟不愿意加入合作社，合作化运动遇到重重阻力。邓秀梅对群众进行耐心细致的思想教育，阐明党的方针政策，戳穿阶级敌人的阴谋诡计，提高了广大群众的阶级觉悟，并且合作社赢得了秋季的大丰收。最终，合作社的丰收说服了单干的农民，使他们看到了集体的力量和社会主义道路的优越性，越来越多的人申请加入合作社。原本的私有观念和封建小农思想得到根本性改变，村民们的生活和精神面貌也发生了深刻变化。

从反映的内容和典型意义上来看，《山乡巨变》是对《暴风骤雨》的延续。从《暴风骤雨》的元茂屯到《山乡巨变》的清溪乡，从土地改革运动到农业合作化运动，在周立波的笔下，从这两个村落的改变可以窥见土地政策的不断发展以及社会制度的变迁。土地改革运动废除了封建土地剥削制度，把土地从地主手中分给广大农民，使得长期被压迫的中国农民实现了“耕者有其田”。农业合作化运动一方面避免了农村地区的贫富两极分化，帮助贫农走出贫困，实现共同富裕；另一方面适应了工业化对于原料和粮食的需求，推动了“一化三改”（即社会主义工业化和对农业、手工业、资本主义工商业进行社会主义改造）的完成，使得新中国顺利完成了社会主义改造，建立了社会主义制度。

案例启示

1. 为人民谋幸福，没有完成时，只有进行时

只要人民有困难、有需求，共产党的使命和任务就没有完成。新民主主义革命时期，为人民谋幸福的主要任务和根本标志是推翻帝国主义、封建主义、官僚资本主义这三座长期压在中国人民头上的大山，实现民族独立、人民当家做主。社会主义革命和建设时期，为人民谋幸福的主要任务是实现社会变革和发展生产力。“一化三改”使得国民经济逐渐恢复，社会主义制度在我国正式确立，为人民生活提供了物质基础和制度保障。改革开放和社会主义现代化时期，为人民谋幸福的主要任务是摆脱贫困面貌，实现生活富裕，全力推进中华民族从站起来到富起来的伟大飞跃。这一时期，我国的经济体制由计划经济转向社会主义市场经济，为人民幸福提供了更加坚实的物质基础。进入社会主义新时代，为人民谋幸福的首要任务是实现中华民族伟大复兴，为人民群众提供更高质量、更高水平的美好生活，实现人的全面发展。为人民谋幸福是一个动态发展的过程，没有完成时，只有进行时。

2. 中国共产党始终重视农民的土地问题

中国自古以来就以农立国，土地问题是最主要的社会问题，事关广大农民的切身利益和生活保障。百年来，中国共产党始终重视农业发展和解决农民的土地问题。从苏区“耕地农有”到抗战时的“减租减息”，从土改时期的“耕者有其田”到社会主义改造后的“劳动群众集体所有”，从实行家庭联产承包责任制、取消农业税和特产税到农村承包地“三权分置”，再到打赢脱贫攻坚战、实施乡村振兴战略，中国共产党引领广大劳动人民在这片土地上绘就了一幅波澜壮阔、气势恢宏的历史画卷。从《暴风骤雨》到《山乡巨变》，形象生动地展示了这一画卷中的某段历史时期，在此过程中，农民生活越来越富足，从而进一步提高了农业发展水平，为实现中华民族伟大复兴奠定了坚实的基础。

第二节　为中华民族谋复兴

只有创造过辉煌，才能理解复兴的意义；只有经历过苦难，才更渴望实现复兴。中华民族历经五千多年，创造了灿烂的中华文明，历史上曾经长期走在世界前列。英国人李约瑟在《中国科学技术史》中写道："在现代科学技术登场前十多个世纪，中国在科技和知识方面的积累远胜于西方。"进入近代以后，由于西方的殖民入侵和封建统治的腐朽无能，中国逐渐沦为半殖民地半封建社会，山河破碎、辉煌不再，人民群众遭受了难以想象的苦难和压迫。从鸦片战争到太平天国运动，从戊戌变法到辛亥革命，中国社会各阶级、各阶层、各种势力力图挽救中国于危亡之中，但都以失败而告终。直到中国共产党的诞生，中国革命的主心骨才正式出现。中国共产党一经成立，就把实现共产主义作为党的最高理想和奋斗目标，义无反顾肩负起实现中华民族伟大复兴的历史使命，先后带领中国人民胜利完成新民主主义革命、社会主义革命和建设，进行改革开放。进入社会主义新时代，我们比历史上任何时期都更接近中华民族伟大复兴的目标。红色经典几乎涵盖了我党奋斗的各个时期，阅读红色经典，能够更加深刻地领略中国共产党在这百年里不断实现中华民族伟大复兴的奋斗征程。

案例一 《闪闪的红星》[①]

2021年10月28日，大型原创音乐剧《闪闪的红星》在北京成功首演。该剧原本是李心田在1970年创作出版的红色经典儿童小说，主要讲述了红军长征北上抗日以后，留在当地的一个红军后代的孩子——潘冬子的艰苦成长历程。小说采用第一人称回忆的方法，围绕潘冬子和汉奸胡汉三的斗争展开叙述。从1934年至新中国诞生前夕，潘冬子由一个淳朴、天真的苏区儿童逐步成长为一个成熟、独立、自觉的解放军战士。1974年，小说被改编成电影《闪闪的红星》，上映后在全国范围内的少年儿童中掀起了一场“学习潘冬子，争做党的好孩子”的活动。到了新时代，故事的讲述形式千变万化，要将这样一个家喻户晓的革命故事，改编成优秀的原创

① 参见《原创音乐剧〈闪闪的红星〉用时尚元素演绎红色经典传承“苏区精神”》，中国新闻网，2021年10月31日。

音乐剧，着实经历了一些困难。《闪闪的红星》的编剧是经验丰富的曹瑜，参与过中华人民共和国成立70周年天安门联欢晚会等重要节庆活动的撰稿。即便如此，她在座谈会上仍坦言，《闪闪的红星》这样一个家喻户晓的红色经典题材还是给了她相当大的创作压力。“如何做到既要有创新、又要接地气，把讲给民众的故事，让大家喜闻乐见，这是人民和时代向史家、作家、艺术家们提出的高要求。”最终，她把剧本着力点放在了“成长”上。父亲临行前给潘冬子留下了一颗五角红星。这颗“闪闪的红星”，成为劈开世界阴影的那道光，自此点亮了潘冬子心中理想的火种，让潘冬子成长为一个“追着光的人”，“阳刚的父爱和温柔的母爱，培养出一个有理想、有担当、有韧性的孩子”。

从故事层面看，音乐剧《闪闪的红星》是潘冬子用智慧与勇气投身革命的“追光”之旅，彰显了他对革命理想的向往与追寻。整场剧强调那颗五星帽徽对潘冬子的一次次感召，这颗“闪闪的红星”不仅成为红军的标志物，更被赋予了强大的精神力量，成为一次次驱散阴霾、不断引领前进的那道光，正如剧中所唱：“别怕用你的眼睛，去点亮一颗星；别怕用你的双手，去捂热一颗星……”

在人物形象塑造上，不管是正面人物还是反面人物都去除了刻板化、脸谱化的描绘，使得人物形象生动、个性鲜明。比如潘冬子的母亲李明月，在剧中是独立坚强的女性形象，她深爱自己的丈夫、自己的儿子，但在革命面前，又能够舍小家、为大家，有着崇高的革命信仰和思想境界，这也正是千千万万无私奉献的中国革命女性的缩影。她在剧中的那段唱词：“好男儿，舍命拼得一抹红，我等你回来做我的英雄；如果你的血洒在山的那头，我愿做你的映山红……”如泣如诉，道尽了作为一名战士家属的无尽相思，却又已经做好了丈夫在前线牺牲的准备。这样的处理，让我们看到了李明月的柔情，更看到了她的坚强。音乐剧中的大反派胡汉三相比之前的小说、电影作了较大的调整与改编，更加适应当下年轻观众的审美。开场时演员独白声响起，一个受压迫、受剥削的贫苦孩子的形象出现在人们眼前，但是谁也没有想到，他居然是大反派胡汉三。这一幕跳出了以往对于反派胡汉三的脸谱化刻画，可以说是充满新意。在这部音乐剧中，从童年经历开始挖掘胡汉三成为一个心狠手辣的利己主义者的原因。他被烧伤的半边脸，有着十分怪异的造型，以及大段的内心独白式唱词，宛若一尊“邪神”，他出场时的暗淡灯光与烟雾效果，更增强了恐惧与压抑气氛。

在舞台表演方面，从独唱到合唱、从说唱到舞蹈，整部剧始终充满了新鲜感和感染力，更符合新时代年轻人群的欣赏习惯与审美趋向。音乐剧《闪闪的红星》不仅保留了《红星闪闪》和《映山红》这样的经典唱段，还创作了一批优秀的新唱段，或旋律优美，或节奏感强。融合现代音乐剧和江西民歌元素的全新律动音乐，再加上现代化乐队的编配，甚至还有街舞、说唱等现代潮流元素的呈现，让整场剧兼具了震撼与感动。

闪闪的红星故事发源地是瑞金，此次音乐剧的顺利改编也离不开瑞金市委、市政府的大力支持。瑞金市委副书记表示，“苏区精神”是中国共产党人重要的精神谱系，也是“红色故都”瑞金人民代代相传的精神财富，“原创音乐剧《闪闪的红星》以新时代的青少年为主要目标受众，力求通过对红色故事的现代演绎，打造一部红色文化时代经典，让青少年观众了解历史，感知共产党人斗争的艰辛，感悟共产党人

'为中国人民谋幸福，为中华民族谋复兴'的初心和使命，为今日之国人传递信仰的力量，为今日之中国播下一粒粒理想主义的种子"。

音乐剧《闪闪的红星》由平均年龄不到25岁的"90后""00后"组成创演班底，通过艺术创新，用最时尚的艺术形式来演绎最传统的红色经典，通过讲好瑞金的红色故事，讲好中国的革命故事，让新时代的青少年更加了解党的历史、国家的历史，从而感悟中国共产党人的初心使命，努力成为优秀的共产主义接班人。

案例二 《红日》[①]

解放战争，又被称为第三次国内革命战争，是1946年6月至1950年6月中国人民解放军在中国共产党的领导下，为推翻国民党反动统治、解放全中国而进行的战争。解放战争历经四个阶段，分别是战略防御阶段、战略反攻阶段、战略决战阶段和战略追歼阶段。这场战争的胜利使得中国结束了极少数剥削者统

① 参见梁营《人民战争的汪洋大海——从〈红日〉看人民战争的深厚伟力》，《新阅读》2021年第6期。

治广大劳动人民的历史，结束了帝国主义、殖民主义奴役中国各族人民的历史。作家吴强创作的长篇小说《红日》便主要讲述了解放战争战略防御阶段发生在山东的几场重大战役。

解放战争期间，吴强作为苏中军区政治部副部长、华东野战军六纵宣教部部长，亲历了第二次涟水战役与莱芜、孟良崮等著名战役。1947年5月17日，吴强目睹了国民党高级将领“常胜将军”张灵甫最终被我军抬下来的场景，回想着那场惊心动魄的战役，萌生了要把从涟水战役到张灵甫死于孟良崮这个情节和人物都很连贯的故事写成一部长篇小说的想法。他所创作的《红日》正是围绕发生在江苏涟水、山东莱芜和孟良崮的这三次战役展开叙述。1946年，国民党整编74师和28师三万余人，在飞机、坦克、大炮配合下强攻涟水，中国人民解放军军长沈振新率领所属部队奋起抵抗，击退了敌人。面对敌人第二次更加猛烈的进攻，经过一番苦战，涟水最终失守。解放军被迫北上山东，实行战略转移。经过一段时间的休整，部队战斗情绪重又进入昂扬奋发的状态。随后的莱芜战役不到三天就大获全胜，歼敌五万六千余人，瓦解了国民党军队对中国人民解放军的进逼围攻。孟良崮战役开始后，刘胜、陈坚“老虎团”在歼灭了74师一个辎重连后，又抢占了垛庄与孟良崮之间的一个重要高地，堵住了敌人逃生的最后一个缺口，和其他解放军部队一起对敌军组成了牢固的包围圈。最终，国民党将领张灵甫被乱枪打死，国民党王牌74师全军覆没，中国人民解放军取得了孟良崮战役的胜利。小说中，解放军部队经历了由弱到强的变化，再加上敌我力量悬殊的描写和气势恢宏的战斗场面描写，既符合历史事实，又极具艺术感染力。除了宏大的战争场面，小说还细致展现了部队的日常生活，前方和后方、战场和医院，还有军民团结的鱼水之情，使得叙事线张弛有度，丰富饱满，可读性非常强。

小说的主题紧紧围绕毛泽东人民战争的思想，无论是描写涟水战役的防御战，莱芜战役、孟良崮战役的包围战、攻坚战，还是记述这期间零星发生的各种小型战斗，无不反映战争与人民的关系，突出人民的力量。毛泽东指出：“革命战争是群众的战争，只有动员群众才能进行战争，只有依靠群众才能进行战争。”小说中，当解放军转移到山东时，当地的老百姓热情欢迎解放军：“庄口上摆了大缸的茶水，锣鼓‘铿铿锵锵’地响着，欢迎路南来的部队。队伍刚坐下来，还没有进屋子，妇女会、儿童团的队伍，就敲打着锣鼓，一路跳着秧歌舞，来到队伍休息的广场上。”正是人民群众的大力支持，人民军队的战争才能战无不胜。与之形成鲜明对比的是国民党军队压迫群众的恶行：“从这批难民的口里了解到，敌人正在砍伐树木，拆毁房屋，构筑工事，同时拉牛、宰猪，翻箱倒柜地进行抢劫。这个受了伤的人，挨了国民党匪军的殴打。”国民党所到之处，烧杀抢掠，无恶不作，给人民群众带来深重灾难，自然也会受到人民的唾弃。

小说在还原真实历史的基础上，成功塑造了生动形象的革命军人形象，既描述了普通士兵浴血奋战、不畏牺牲的英雄事迹，也展现了解放军首长们运筹帷幄、用兵如神的气度。在众多人物中，军长沈振新的形象尤为突出。沈振新是中国人民解放军高级指挥员，是一位参加过长征、身经百战的优秀军人。小说中突出展现了他沉着冷静、运筹帷幄、高瞻远瞩的高级指战员形象，他总是能够从战争的大局、全局思考问题，率领全军取得一个又一个胜利。同时，他也有着普通人的情感，治军虽然严格，对部下却关怀备至，处理问题通情达理。作者在展现我军高级指战员的风貌时，也对国民党高级将领进行了一些描绘。张灵甫是国民党王牌部队74师的师长，被称为“常胜将军”“名将之花”。在对其形象进行刻画时，着重展现了他性格的多重性。张灵甫作为王牌师的师长，具有一定的指挥才能，但是他刚愎自用、狂妄嚣张，导致身陷重围而无人接应，最终以失败结局。

解放战争的胜利从根本上推翻了帝国主义、封建主义和官僚资本主义在中国的统治，使中国人民获得了解放。《红日》中涉及的涟水战役、莱芜战役、孟良崮战役则加速了解放战争的进程。其中，孟良崮战役更是一举歼灭了国民党五大精锐部队之一，是扭转华北战局的关键性一仗，沉重打击了敌人的嚣张气焰，极大鼓舞了解放区军民战胜敌人的信心和士气，有力地配合了陕北和其他地区的作战。《红日》发表后，震撼了中国文坛。1963年，根据《红日》改编、拍摄的同名电影在全国公映后，更是引起了巨大的社会反响。

案例启示

1. 引导少年儿童系好人生第一粒扣子

少年儿童是祖国的未来、民族的希望。2018年“六一”前夕，习近平总书记在给陕西照金北梁红军小学学生回信时勉励他们：“希望你们多了解中国革命、建设、改革的历史知识，多向英雄模范人物学习，热爱党、热爱祖国、热爱人民，用实际行动把红色基因一代代传下去。”采取适合少年儿童审美志趣的教育模式，引导少年儿童系好人生的第一粒扣子，有利于在其心中厚植爱党爱国情感、传承红色基因，做优秀的共产主义接班人。红色经典的形式多样，其中不乏《红色少年行》（后改名《红孩子》）、《闪闪的红星》、《小兵张嘎》、《鸡毛信》等以儿童为主要受众的优秀作品，以少年儿童喜闻乐见的形式呈现党的光辉历史，诠释党的初心使命。这些作品里的人物形象如《闪闪的红星》里的潘冬子、《小兵张嘎》里的嘎子等，贴近少年儿童，形象生动，有血有肉，容易引起少年儿童的共鸣。在阅读红色经典时，不同年龄阶段的少年儿童可以根据自身实际情况进行选择。低年龄段的可以选择形象化的红色经典，比如连环画、绘本、动画片等，高年龄段的则可以结合文本阅读。

2. 为中华民族谋复兴是激励中国共产党人不断奋进的动力

近代以来，中华民族为了实现复兴进行了多种尝试和努力，从洋务运动到戊戌变法再到辛亥革命，挽救中国的道路均以失败而告终。俄国十月革命的一声炮响，给正处于灰暗中的中国送来了马克思主义，中国共产党应运而生。中国共产党的成立深刻改变了中国人民和中华民族的历史进程。历史事实证明，世界上没有哪一个政党能够像中国共产党这样，为了人民幸福、民族复兴作出如此艰苦卓绝的斗争，一代又一代的共产党人为了这一使命而奋斗终生。《红日》里，面对敌人的精良武器和人员数量优势，无数解放军战士依然顽强斗争、英勇奋战，誓死守卫阵地，化压力为动力、化绝境为光明，最终取得了战役的胜利。

第三节　为全人类谋福祉

当今世界，随着科技的进步，经济全球化的发展，各国之间的经济合作和贸易往来更加密切。但同时，人类面临的全球性问题数量之多、规模之大、程度之深也前所未有。全球贫富差距拉大，局部地区冲突不断，霸权主义和强权政治依然威胁着世界的和平与发展。中国共产党始终注重世界和平与发展，将为全人类作贡献作为自己的精神追求和自觉实践。1956年，毛泽东同志曾说："中国应当对于人类有较大的贡献。"在博鳌亚洲论坛2013年年会上，习近平总书记强调："国家无论大小、强弱、贫富，都应该做和平的维护者和促进者，不能这边搭台、那边拆台，而应该相互补台、好戏连台。"在庆祝中国共产党成立95周年大会上，习近平总书记表示："为人类不断作出新的更大的贡献，是中国共产党和中国人民早就作出的庄严承诺。中国共产党和中国人民从苦难中走过来，深知和平的珍贵、发展的价值，把促进世界和平与发展视为自己的神圣职责。"

案例一　报告文学《谁是最可爱的人》[①]

报告文学是介于新闻与小说之间的一种文体，运用文学艺术手法真实、及时地反映社会生活事件和人物。在我国历史上，诞生了许多以红色为主题的报告文学，魏巍所作的《谁是最可爱的人》就是其中的佳作之一。

魏巍是我国著名作家、诗人，创作了第一部描写红军二万五千里长征的长篇小说《地球的红飘带》，《谁是最可爱的人》是其从朝鲜战场归来后发表在《人民日报》上的报告文学。1950年底，魏巍前往朝鲜战场了解美军战俘的思想情况，以便开展对敌思想斗争。调查报告写完后，魏巍却没有着急回国。他在战争前线采访了三个月，亲眼看见战士们的浴血奋战和战争的残酷无情，回国后，写下了这篇报告文学《谁是最可爱的人》，刊载在1951年4月11日的《人民日报》上。

《谁是最可爱的人》全文三千多字，相比于十几万甚至几十万字的文学著作，篇幅显得短小。但文章

① 参见薛立永、文勇《我陪魏巍在朝鲜战场寻找〈谁是最可爱的人〉》，《党史纵横》2010年第4期。

字数少，不代表承载的内容浅薄。这短短几千字，描绘出中国人民志愿军战士在朝鲜战场上英勇战斗、顽强抗敌的英姿。文章以三个案例来展现志愿军战士“他们的品质是那样的纯洁和高尚，他们的意志是那样的坚韧和刚强，他们的气质是那样的淳朴和谦逊，他们的胸怀是那样的美丽和宽广”。其中，第一个素材讲述的是抗美援朝战争中的松骨峰战斗（又叫书堂站战斗）。松骨峰是朝鲜西部的一个小山头，是敌军南逃的必经之路，战略位置极其重要。

为了阻击敌人，志愿军的一个先头连率先占领了高地。敌人派了32架飞机、10多辆坦克冲向这个阵地，整座山都被炸翻了，但是志愿军战士依然高喊着口号和敌人战斗，尸体堆满了山岗，鲜血染红了土地，敌人的进攻依然在继续。我军部队的子弹用完了，汽油弹点燃了阵地，战士们把枪一摔，顾不上身上的火苗就扑向了敌人……“烈士们的遗体，留着各种各样的姿势，有抱住敌人腰的，有抱住敌人头的，有掐住敌人脖子、把敌人摁倒在地上的，同敌人倒在一起，烧在一起。还有一个战士，他手里还紧握着一颗手榴弹，弹体上沾满脑浆，和他死在一起的美国鬼子，脑浆迸裂，流了一地。另有一个战士，嘴里还衔着敌人的半块耳朵。在掩埋烈士们遗体的时候，由于他们两手扣着，把敌人抱得那样紧，分都分不开，以致把有些人的手指都掰断了。”朴素的话语背后，是朝鲜战场上惨烈的战斗，是志愿军战士为了歼灭敌人不退半步、顽强拼搏的大无畏精神。最终，志愿军队伍坚持到了主力部队赶来，将敌人歼灭。

在《谁是最可爱的人》中，作者也展现了志愿军战士的国际主义情怀和仁义之心。面临敌军的轰炸，志愿军战士第一时间不是逃生而是冒着生命危险从大火中救出年幼的小孩，并且为了救出其母亲甚至再次进入危险的火场，但不幸的是小孩的母亲已经奄奄一息。“我知道她不行了，才赶忙跑出门外，扑灭身上的火苗，抱起这个无父无母的孩子……”战士们对敌人心狠，对朝鲜人民却总是善良仁义。当问到一名战士对祖国对朝鲜有什么要求时，他朴实地说，除了一枚“朝鲜解放纪念章”，其他什么也不要。

这是一场正义之师行正义之举的战争。美国入侵朝鲜，不仅使朝鲜半岛局势动荡，更是严重威胁中国近代以来来之不易的和平局面。在纪念中国人民志愿军抗美援朝出国作战70周年大会上，习近平总书记发表讲话表示，“伟大的抗美援朝战争，抵御了帝国主义侵略扩张，捍卫了新中国安全，保卫了中国人民和平生活，稳定了朝鲜半岛局势”，“经此一战，第二次世界大战结束后亚洲乃至世界的战略格局得到深刻塑造，全世界被压迫民族和人民争取民族独立和人民解放的正义事业受到极大鼓舞，有力推动了世界和平与人类进步事业”。

案例二　绘画《周恩来在万隆会议上》[①]

靳尚谊是我国著名画家，在其六十多年的创作生涯里，始终坚持为中国人画像，为时代而歌。《塔吉克新娘》是其代表作，画作将西方的油画形式技巧与中国内敛的精神气象完美结合，被视为中国新古典主义的开端。

《周恩来在万隆会议上》是靳尚谊2009年创作的油画，以画肖像的形式展现周恩来在万隆会议上演讲这一历史时刻，基本真实还原了当时会议的场景、动作、光线，光影构造近乎完美，笔触细腻，超凡脱俗，将几近极致的单纯、宁静、典雅、崇高的美感展

① 参见《靳尚谊：做时代歌者　绘时代肖像》，《北京晚报》2018年10月11日。

现在人们面前。画作中，周恩来总理双手摊开，站在万隆会议的演讲台上慷慨陈词，身着深色中山装，表情和蔼而自信。靳尚谊提到，创作这件作品是个细致的过程，不是凭空想象出来的。为更好地表现主题，从草图、定稿到素描稿、色彩稿，都是根据历史资料和写生规律一点点修改研究完成的。靳尚谊一直致力于将西方油画民族化的实验，在回忆录中坦言，自己的理想和目标“就是把中国艺术特点和文化精神同西方油画艺术的特点进行一些结合。能不能做到，能不能做好，这都很难说。但我会尽全力做这方面的努力，为中国油画艺术的发展和繁荣贡献我的一点儿力量”。20世纪70年代，他在敦煌临摹壁画，这一时期创作的作品将壁画的线条融入油画之中。到了90年代，他的画风进一步发展，将中国水墨画元素和油画的表达语言相结合，既呈现了传统水墨画的动人意境，又体现了中华民族的传统文化和审美心理，开创了中国油画的崭新意境。在《周恩来在万隆会议上》这幅画作中，既能看到如壁画般清晰的人物线条，又能感受到传统水墨画抽象、洒脱的意境，使得周总理的形象生动而饱满。

除了美学价值外，《周恩来在万隆会议上》背后还蕴藏着深厚的历史价值。这幅画中的场面指的是1955年在万隆召开的亚非会议上，中国代表团团长周恩来在大会上发言。万隆会议召开之际，新中国刚成立没多久，美国正在联合多国对新中国进行围堵，制造紧张局势，试图把新中国扼杀在摇篮之中。1955年4月18日至24日，29个亚非国家和地区的政府代表团在印度尼西亚万隆召开亚非会议，这是第一次没有殖民国家参与的会议，主要讨论和平、争取民族独立和发展经济等问题，目的在于促进亚非国家间的文化交流，增进信任与合作，从而进一步抵制殖民侵略和新殖民主义。但与会国家的社会性质各不相同，会议中出现分歧在所难免。在会议的第一天快要结束时，一位代表团发言人突然疯狂地攻击共产主义，扰乱了会议原本和谐的局面。第二天，在会议有可能走向歧途的关键时刻，周恩来当机立断，上台发表了演说，他首先表示："中国代表团是来求团结而不是来吵架的。我们共产党人从不讳言我们相信共产主义和认为社会主义制度是好的。但是，在这个会议上用不着来宣传个人的思想意识和各国的政治制度。"在随后的演讲中，周恩来始终围绕中心思想——求同存异展开。他强调"解除殖民主义痛苦和灾难"是亚非各国合作的基础，不同思想意识和社会制度的存在“并不妨碍我们求同和团结”，中国准备在坚守五项原则的基础上与亚非各国建立正常关系。周恩来以他的真诚和机智化解了此次危机，发言结束后，会场里爆发了热烈的掌声。

万隆会议本着求同存异、协商一致的原则，讨论了有关民族独立与解放、反帝反殖民、世界和平与发展的问题，最终通过了涉及经济合作、文化合作、人权和自决、附属地人民问题、促进世界和平与合作等问题的《亚非会议最后公报》，其中提出了载入史册的处理国际关系的十项准则，是世界历史进程中划时代的里程碑。

案例启示

1. 和平来之不易，历史不容忘记

近代以来，中国人民曾经饱受“三座大山”的压迫，无数英雄儿女抛头颅洒热血，奋战多年才换来和平的局面。九十多年前，日本侵略者在中华大地烧杀抢掠，给中国人民带来深重灾难。在中国共产党的领导下，中国人民历经十四年抗战才将侵略者赶出了中国。1950年，美军多次入侵中国领空，轰炸丹东地区，企图将战火烧到鸭绿江边，威胁到了我国的领土安全。1950年10月，朝鲜政府请求中国出兵援助。党中央作出“抗美援朝、保家卫国”的决策，迅速组成中国人民志愿军奔赴朝鲜战场。1953年7月27日，战争双方在朝鲜停战协定上签字。至此，历时两年零九个月的抗美援朝战争宣告结束。抗美援朝战争的胜利，维护了中国乃至东亚地区的和平，巩固了新中国政权，顶住了美国侵略扩张的势头，极大地增强了中国人民的民族自信心和自豪感，为国内经济建设和社会改革赢得了相对稳定的和平环境。今天，我们应该铭记那段浴血奋战的历史，珍惜来之不易的和平局面。

2. 红色作品形象展示了中国爱好和平、负责任的大国形象

中华民族自古以来就是爱好和平的民族，中国人民是爱好和平的人民，在历史进程中为争取世界和平作出了诸多努力与重大贡献。很多红色经典形象地记录了这一历史进程和特定历史事件。画作《周恩来在万隆会议上》生动展示了新中国走向国际政治舞台的

里程碑式事件。我们能通过画家的笔触再次回到六十多年前的万隆会议会场中，见证周恩来总理在局势不利的情况下，沉着冷静地发表演讲，力挽狂澜，将会议拉回正轨，使得处境艰难的新中国首次打开了外交局面，中国主张的求同存异成为会议的基本原则，和平共处五项原则更是被《亚非会议最后公报》收录，展现了我国爱好和平、负责任的大国形象。

小　结

本章通过对六个案例的具体阐释，讲述了蕴藏在红色经典中的“三个为”，即中国共产党为中国人民谋幸福、为中华民族谋复兴、为全人类谋福祉的初心使命。习近平总书记在“不忘初心、牢记使命”主题教育总结大会上讲话时指出：“党的初心和使命是党的性质宗旨、理想信念、奋斗目标的集中体现，激励着我们党永远坚守，砥砺着我们党坚毅前行。”百年征程中，在中国共产党的带领下，中国人民取得了一个又一个的伟大胜利。社会在不断发展进步，但中国共产党人的初心使命不会改变。只有牢记初心使命，才能告慰先辈，才能赢得民心、赢得时代，从而进一步找准前进的方向，走稳中国特色社会主义道路，实现中国梦。红色经典多以历史全景的模式讲述中国共产党百年奋斗历程中的故事，不仅体现了中国共产党的初心使命，更深刻展现了其产生的历史逻辑。

第六章

读伟大精神

概　述

习近平总书记在庆祝中国共产党成立100周年大会上的讲话中指出："一百年来，中国共产党弘扬伟大建党精神，在长期奋斗中构建起中国共产党人的精神谱系，锤炼出鲜明的政治品格。历史川流不息，精神代代相传。我们要继续弘扬光荣传统、赓续红色血脉，永远把伟大建党精神继承下去、发扬光大！"一百多年前，在历史的洪流中，先驱们建立了伟大的中国共产党，形成了"坚持真理、坚守理想，践行初心、担当使命，不怕牺牲、英勇斗争，对党忠诚、不负人民"的建党精神，这是中国共产党的精神之源。

在新民主主义革命时期，中国共产党带领人民争取国家独立和解放，在长达二十八年的浴血奋战中形成了井冈山精神、长征精神、延安精神等。在社会主义革命和建设时期，培育了抗美援朝精神、"两弹一星"精神、雷锋精神等。在改革开放和社会主义现代化建设新时期，铸就了特区精神、载人航天精神、劳模精神等。进入中国特色社会主义新时代，中国共产党带领全体人民继续奋斗，逐步形成了脱贫攻坚精神、抗疫精神、北京冬奥精神等。

这些精神集中展现了中华民族的优秀传统美德和中国人民的优秀品质，彰显了一代又一代中国共产党人“为有牺牲多壮志，敢教日月换新天”的大无畏气概。在党史学习教育动员大会上，习近平总书记强调:“要教育引导全党大力发扬红色传统、传承红色基因，赓续共产党人精神血脉，始终保持革命者的大无畏奋斗精神，鼓起迈进新征程、奋进新时代的精气神。”这些伟大精神承载着共产党人的初心和使命，是中国共产党领导人民不断拼搏进取的重大成果，也是激励中华儿女砥砺前进、努力实现中国梦的不竭动力。红色经典中记载了中国革命、社会主义建设、改革开放以及中国特色社会主义新时代各个时期的辉煌历程，以丰富多样的形式展现了红色精神的形成过程。阅读红色经典，不仅要欣赏其文学艺术价值，还要学习和传承深藏在其中的厚重红色精神。

第一节　新民主主义革命时期的精神

新民主主义革命时期，中国共产党带领中国人民拼搏斗争，推翻了长期压迫中国人民的“三座大山”，铸就了井冈山精神、苏区精神、长征精神、遵义会议精神、延安精神、抗战精神、红岩精神、西柏坡精神、照金精神、东北抗联精神、南泥湾精神、太行精神、大别山精神、沂蒙精神、老区精神、张思德精神等。

红色经典中，反映革命精神的作品数量繁多且形式多样。歌舞剧《井冈山的道路》再现了井冈山革命斗争的历史，其中歌曲《八角楼的灯光》真情歌唱了毛泽东建立革命根据地、农村包围城市和“星星之火可以燎原”的宏大战略思想，以艺术表演的形式展现了“坚定信念、艰苦奋斗、实事求是、敢闯新路、依靠群众、勇于胜利”的井冈山精神；《铁道游击队》《苦菜花》《野火春风斗古城》中无数中华儿女在中国共产党的领导下抵御日寇、顽强拼搏，展示了“天下兴亡、匹夫有责”的爱国情怀，视死如归、宁死不屈的民族气节，不畏强暴、血战到底的英雄气概，百折不挠、坚忍不拔的必胜信念；《赵一曼女士》《在镜泊湖边》《音乐会》《黑嫂》等小说书写东北抗日联军的动人故事，展现了中华民族威武不屈的民族气节，热情歌颂了抗联坚定的革命信仰、高尚的爱国情操和伟大的牺牲精神。红色经典是历史与现实的交汇点，阅读红色经典，通过文字、音乐、绘画等多种形式走进那个战火纷飞的年代，在历史语境中体会红色精神的诞生过程。

案例　《吕梁英雄传》在《晋绥大众报》连载[①]

1942年，毛泽东在《在延安文艺座谈会上的讲话》中提出了“文艺为工农兵服务，文艺为大众服务，文艺为无产阶级政治服务”的创作方向，激励了一大批文艺工作者进行文学创作。马烽、西戎正是受到讲话精神感召，结合自身感触，决定“把敌后抗日军民在伟大领袖毛主席领导下，与日本帝国主义、汉奸走狗斗争的英雄事迹记载下来，谱以青史，亢声讴

① 参见马烽、西戎《〈吕梁英雄传〉的写作经过》，《晋阳学刊》1980年第1期。

歌，弘扬后世，变为巨大的精神力量”，创作出了红色经典《吕梁英雄传》。

抗日战争时期，晋绥边区地域封闭，资源有限，群众的文化水平普遍不高，为了能够在根据地普及党的政策、方针与思想，建立党的舆论宣传阵地，在毛泽东的指示下，党中央在晋绥地区先后创办了机关党报《晋绥日报》和通俗日报《晋绥大众报》。为了提高报纸的通俗性和趣味性，《吕梁英雄传》应运而生，1945年春天开始在《晋绥大众报》上连载。因为物质资源匮乏、传播手段有限，当时的媒介环境决定了通过报纸传播《吕梁英雄传》是效率最高的方式。

《吕梁英雄传》取材于晋绥边区真实的抗战故事。1944年12月7日，晋绥边区在陕北神府县召开第四届群英大会，会上表彰了780名各类抗日英雄，其中包括124名民兵英雄。会议结束后，《晋绥大众报》原准备一一报道这124名民兵英雄的抗日事迹，但是由于版面限制，并且耗时太长，无法落实。当时马烽、西戎负责此次报道，经过一番苦思冥想之后，他们决定写成通俗小说在报纸上连载。这个想法获得了当时编委会的一致支持，社长周文建议他们以章回体小说的形式进行文学创作。在此之前，马烽、西戎两人都曾在延安部队艺术学校深造，虽然二人学习的专业并不是文学，但他们对文学创作都抱有极大的热忱，并且已经创作过一些作品。在确定以章回体小说进行连载之后，二人立刻开始着手收集124位抗日民兵英雄的事迹，整理过后从中挑选出典型材料和典型人物进行加工，创作成文学故事后在《晋绥大众报》上连载刊发。1945年6月5日，小说开始在报纸上连载，每周一回，一直更新到1946年8月20日全部刊登完，共95回。小说面世后，广受好评。1946年4月，马烽、西戎修改整理了前37回，并出版了《吕梁英雄传》单行本（上册），延安的《解放日报》也开始摘录转载。1946年，周恩来、董必武率中共代表团赴重庆与国民党政府谈判时，把单行本（上册）带到了重庆。受国民党新闻审查制度影响，小说部分删改后才在重庆《新华日报》上连载，引起国统区文艺界的热烈反响。

《吕梁英雄传》是第一部反映中国共产党领导的全民族抵御日本侵略者，并在抗日战争时期就发表的长篇小说。小说从吕梁山区的一个普通山村康家寨切入，讲述了康家寨的村民在日寇的残酷压迫下觉醒，在共产党的领导下，组织民兵队伍同敌人展开艰苦战斗的故事。1937年7月7日，卢沟桥事变爆发，日本帝国主义向我国发起全面的侵略战争。由于国民党的消极抵抗策略，对日军的疯狂进攻毫无抵抗之力，不到三个月，便被日军冲破防线，顺着平绥铁路、同蒲铁路打进了绥远、山西。当时的几十万晋绥军在慌乱之中匆忙撤退，政府官员和部队将领纷纷逃到西安、重庆等地，使得当时的日寇更加猖狂，如同进入无人之境，给当时的晋绥人民带来了深重的灾难。中国共产党坚决采取敌后抗日政策，贺龙将军率领120师在寒冬时节赶至晋西北，与敌人周旋作战，给当时疯狂的日寇迎头痛击，先后收复了五寨、神池等地。1940年春天，晋绥地区的人民和各抗日团体、军队在中国共产党的领导下，建立了民主政权，许多村民纷纷加入了八路军、游击队和民兵队。习近平总书记在山西考察时强调："革命战争年代，吕梁儿女用鲜血和生命铸就了伟大的吕梁精神。我们要把这种精神用在当今时代，继续为老百姓过上幸福生活、为中华民族实现伟大复兴而奋斗。"《吕梁英雄传》所展现的军民齐心协力与日寇顽强斗争，凝练了强烈的吕梁精神。小说中康家寨的故事折射了吕梁、晋绥边区乃至整个华北敌后抗日根据地的全民抗战斗争，是中国共产党领导全民族抗战的真实写照。

案例启示

艰苦奋斗，弘扬吕梁精神

吕梁精神孕育于革命战争年代，总体概括为“艰苦奋斗、顾全大局、自强不息、勇于创新”。其中，艰苦奋斗是基石，顾全大局是核心，自强不息是精髓，勇于创新是灵魂。无论是抗日战争时期还是解放战争时期，晋绥边区都是军事重地。依靠吕梁山这一天然屏障，在艰苦的环境下，以吕梁为核心地带的晋绥边区革命根据地，成为保卫延安、保卫党中央的坚固屏障和后勤保障基地，是延安通往各解放区的重要交通枢纽和党中央战略转移的重要依托地。艰苦的环境孕育出吕梁人特有的能吃苦、能战斗、能攻关的奋斗精神。在《吕梁英雄传》中，无数的吕梁英雄儿女为了守护家园拼尽全力与日寇作斗争，在八路军的领导下自发组织起民兵队伍，在艰苦的环境中与敌人斗智斗勇。进入新时代，吕梁精神更需要大力弘扬，要从红色经典中感悟精神力量，继续保持艰苦创业、勇于献身、昂扬向上的生活态度，积极追求高尚的奋斗目标。

第二节　社会主义革命和建设时期的精神

在社会主义革命和建设时期，全国上下团结一心，纷纷投入热火朝天的社会主义建设事业，用鲜血和生命铸造了一座座感天动地的精神丰碑。“雄赳赳、气昂昂，跨过鸭绿江……”中国人民志愿军在朝鲜战场上，充分发扬伟大的抗美援朝精神和爱国主义精神，与朝鲜军民一起浴血奋战；20世纪50年代到70年代，在党中央的领导下，科技工作者夜以继日，在艰难的国内外形势下，利用有限的条件，先后创造了原子弹和氢弹成功爆炸、导弹飞行和人造卫星上天的奇迹，在实践中锻造了伟大的“两弹一星”精神；雷锋日记中的质朴话语至今都在激励着无数人为社会主义建设而默默奋斗；焦裕禄、王进喜等劳动模范们，以坚定的意志和顽强的毅力在平凡的岗位作出不平凡的成绩，为社会主义建设奉献了青春和生命。

这是一个英雄辈出的年代，在这一伟大的历程中，除了抗美援朝精神、“两弹一星”精神、雷锋精神、焦裕禄精神、大庆精神（铁人精神），还孕育了伟大的红旗渠精神、北大荒精神、塞罕坝精神、“两路”精神、老西藏精神（孔繁森精神）、西迁精神、王杰精神等。红色经典以或激昂或热情或质朴的语言记载了这一时期澎湃激昂、荡气回肠的事迹，形象塑造了众多典型英雄模范，以独特的历史厚重感展现了伟大的中国精神。

案例　《雁飞塞北》中的拓荒人[①]

北大荒，是一个特殊的地区，这里每年有三分之二的时间处在冰霜期，极端低温可达零下40摄氏度。它位于黑龙江省境内，东临三江平原，西连松嫩平原，北部为小兴安岭。罕见的平坦地势形成大面积的低湿地和沼泽地，变幻莫测，便有了“鬼沼”的传说。新中国成立之初，迫切需要恢复经济发展和粮食生产，为了唤醒沉睡的北大荒地区，14万转业复员官兵、10万大专院校毕业生、20万内地支边青年、54万城市知识青年陆续来到北大荒，投身建设发展。半个多世纪以来，一代又一代的拓荒人在这里奉献青春与生命，他们前赴后继、百折不挠、勇往直前，把曾经茫茫荒原的“北大荒”变成了现在我国耕地规模最

① 参见熊坤静《林予和他的长篇巨著〈雁飞塞北〉》，《世纪桥》2017年第1期。

大、农业现代化程度最高、综合生产能力最强的“中国饭碗”——北大仓。北大荒人在创造丰厚物质财富的同时，更是用他们的青春和生命孕育出代代相传的创业精髓，即“北大荒精神”。

北大荒的历史变迁是一部极具历史厚度的英雄史诗，千古荒原的巨变、拓荒人的悲欢离合在这里酝酿了文学创作的灵泉。创作者们一边垦荒，一边写作，一手拿犁，一手拿笔，以荒原主人的傲然姿态写下了无数经典作品。几十年里，北大荒文学从无到有，由少到多，围绕垦荒的艰苦创作主题，塑造了一个又一个极具英雄主义色彩和奉献精神的拓荒人形象。这些作品形式多样，有小说、诗歌、散文和报告文学等。有些作品一版再版，甚至被翻译成多种语言在海外出版发行，有些作品被改编为电视剧、电影，广为流传。

林予是我国当代著名作家，20世纪50年代，他和十几万转业官兵一起在北大荒参与浩浩荡荡的垦荒建设。荒原上播种、开垦的艰苦生活激起了他极大的创作热情，最终创作了被誉为北大荒文学的奠基之作《雁飞塞北》。当年林予负责编辑《北大荒文艺》，曾经奉命创作一部真实反映转业官兵开发北大荒事迹的报告文学，在搜集资料采访拓荒人的过程中，他被这些拓荒人不畏艰险、无私奉献、艰苦奋斗的精神深深震撼，决心创作一部讲述他们英雄事迹的小说。这些拓荒者们多来自南方和中原地区，他们响应党的号召，满怀热情地来到祖国的东北地区参与垦荒开发建设事业，就像一只只大雁飞到了北大荒，于是作者将这部小说命名为《雁飞塞北》。

小说以大雁岛的垦荒事业反映整个北大荒地区如火如荼的农业开发，讲述了人民解放军转业官兵来到大雁岛，拿起锄犁，变身拓荒者，积极投身于社会主义生产建设，克服交通不便、自然条件恶劣等困难，以不畏艰险、顽强拼搏的精神攻克了“沼泽地”“大酱缸”等难题，成功种植粮食作物并建立了卓越功绩的故事，真实再现了那个年代拓荒者的精神面貌。无论是身居农垦战线的指挥员杨海东或者杨海华，还是普通战士小柱子，他们不远千里来到北大荒，始终坚守自己的信念，热爱祖国、热爱党，对北大荒开垦事业怀抱着极高的革命热情和乐观精神，用开垦事业充实自己的生活，发挥自己的价值。书中既展现了这些转业官兵们富足的精神生活和乐观、自信的革命姿态，又表现了他们作为普通人的烦恼与缺点，人物塑造生动饱满。比如书记杨海东，曾经是老红军，因为严于治军而导致下级对其过于惧怕，缺乏生活情趣，就连下棋也不能自在收获快乐。从朝鲜战场转业来到北大荒的张兴华，坚定、勇敢、充满干劲，但是缺乏理智的思考和冷静的态度，对大雁岛地理条件缺乏了解，导致出发时队伍的车辆陷入沼泽地里。尽管有一些烦恼和缺点，但是这群拓荒人有着共同的品质和信念，也就是在几十年的拓荒事业中凝练而成的北大荒精神——艰苦奋斗、勇于开拓、顾全大局、无私奉献。

《雁飞塞北》一经问世，便广受赞誉，之后不断被再版发行。除此之外，讲述北大荒故事的作品还有很多。例如，电影《北大荒人》在1961年上映，使得雁窝岛的垦荒故事和无数拓荒人的事迹广为人知。1962年，诗人郭小川在采访北大荒拓荒人的事迹后，写下了大气磅礴、激情澎湃、脍炙人口的诗作《刻在北大荒的土地上》。丁玲创作的《杜晚香》则是以拓荒人中的模范标兵邓婉荣为原型，描绘了一位成长于新中国、奋斗在北大荒的平凡劳动者形象，反映了基层劳动者的崇高品质。这些作品里描述的拓荒人，是无数北大荒开拓者的缩影，他们勤劳勇敢、吃苦耐劳、不畏艰险、团结互助的美德深深根植于北大荒的开发建设中，正如歌曲《北大荒人的歌》里唱的那样，“你的果实里有我的生命，你的江河里有我的血液，即使明朝啊我逝去，也要长眠在你的怀抱里……”

案例启示

弘扬北大荒精神，砥砺奋进新时代

热血沃黑土，铁犁卷泥浪。曾经荒芜的北大荒，如今成为“中国饭碗”北大仓，这离不开几代拓荒者的努力。习近平总书记在视察黑龙江时指出，“东北抗联精神、北大荒精神、大庆精神、铁人精神激励了几代人”，强调“我们仍然要用这些精神来教育广大党员、干部，引导他们发扬优良传统，在全社会带头弘扬新风正气”。弘扬北大荒精神，一要坚持艰苦奋斗的作风。艰苦奋斗是支持拓荒人几十年如一日的内在动力，当前社会仍需要大批艰苦奋斗的模范加入社会主义现代化建设。二要锤炼勇于开拓的道德品格。北大荒地理环境特殊，无数拓荒人解放思想、开拓进取，最终战胜了恶劣的自然条件，完成了垦荒的任务。三要有顾全大局的胸怀和气度。北大荒人牢记习近平总书记“中国粮食中国饭碗”的嘱托，坚决扛起维护国家粮食安全“压舱石”的使命，粮食产量连续十年稳定在400亿斤以上，可满足1.6亿城乡居民一年口粮供应。四要有“无私奉献”的思想境界。“献完了青春献终身，献完了终身献子孙”，这是第一代拓荒人无私奉献精神的真实写照。新时代的我们要时刻把国家利益和社会责任扛在肩上，在助力伟大复兴的路上实现自己的社会价值。

第三节　改革开放和社会主义现代化建设新时期的精神

党的十一届三中全会的召开，是中国历史上的又一个伟大转折，标志着中国进入了改革开放和社会主义现代化建设的新时期。中国共产党带领全国人民解放思想、锐意进取，取得了无数前所未有的成就，我国经济体制改革不断推进、经济总量不断增长、人民生活水平不断提高，中国人民大踏步追上世界潮流，更是迎来了实现中华民族伟大复兴的光荣前景。在这激情澎湃、日新月异的几十年历程中，孕育创造出一系列伟大精神。

在2018年举行的庆祝改革开放40周年大会上，习近平总书记深刻指出："改革开放铸就的伟大改革开放精神，极大丰富了民族精神内涵，成为当代中国人民最鲜明的精神标识！"除此之外，在改革开放的新征程中，还孕育了特区精神、抗洪精神、抗击"非典"精神、抗震救灾精神、载人航天精神、劳模精神（劳动精神、工匠精神）、青藏铁路精神、女排精神等。中国人民在中国共产党的领导下，大胆尝试、勇敢前进，走出了一条具有中国特色的社会主义道路，打拼出一片新天地，绘就了一幅波澜壮阔、气势恢宏的历史画卷。

案例 在平凡的岗位上创造不平凡的业绩——纪录片《大国工匠》[①]

2020年11月24日，习近平总书记在全国劳动模

① 参见宋丹凤《中央电视台〈大国工匠〉的叙事策略研究》，《新闻战线》2018年第16期。

范和先进工作者表彰大会上的讲话中强调："劳模精神、劳动精神、工匠精神是以爱国主义为核心的民族精神和以改革创新为核心的时代精神的生动体现，是鼓舞全党全国各族人民风雨无阻、勇敢前进的强大精神动力。"劳模精神（工匠精神）是中国共产党人精神谱系之一，"爱岗敬业、争创一流、艰苦奋斗、勇于创新、淡泊名利、甘于奉献"是其主要内涵。

从2015年五一劳动节开始，中央电视台开始播出纪录片《大国工匠》系列节目，讲述了来自高铁、军工、航天等多个领域的工匠们的故事。这部纪录片的上映，使得一些平凡岗位上的劳动模范从幕后走到了台前，也让全国观众认识到在我们的身边有着这么多在平凡的岗位上创造不平凡业绩的"大国工匠"们。

《大国工匠》采取小切口大主题的叙事模式，通过记录普通工人的生活，对人物事迹的客观描述，展现他们的精神气象和道德品格，以真情实感打动观众，突出实现社会主义现代化和中华民族伟大复兴的重要意义。纪录片一共八集，每集都有一个主题，包括《大勇不惧》《大术无极》《大巧破难》《大艺法古》《大工传世》等，在每个主题下讲述三个符合主题的工匠故事。比如在《大勇不惧》这一集里，有不惧危险、在软如豆腐般的岩层中精准爆破的彭祥华。他工作二十多年来始终奋战在一线，参加了横南铁路、朔黄铁路、菏日铁路、青藏铁路、川藏铁路（拉林段）等十余项国家重点工程建设；有为铸“利剑”不畏艰险，三十年来“雕刻”固体火箭发动机火药面的徐立平。发动机是载人飞船火箭的灵魂，而给火药面整形是最艰难、最危险的程序，至今只能靠人工，稍微磕碰就会立刻爆炸；还有多年来只身在百米高空中检修百万伏特高压带电线路的王进。这三位“大国工匠”的故事让观众看得既胆战心惊又感动敬佩。

纪录片在讲述工匠精神时，并没有采用高高在上的教育口吻，而是以平和的语气，把这些工匠们的故事娓娓道来，减少了假话、套话、空话。在选取人物时，挑选了一些行业中“最不起眼”的工人，有60岁即将退休，但仍旧对工作岗位恋恋不舍的老工人，也有34岁学成出师，兢兢业业奋斗在一线的中坚力量等。在拍摄时，以“劳动”为出发点，多选取劳动者的工作画面以及对他们的采访，用摄像头还原工匠们的日常生活。他们在平凡的岗位上，把不平凡的工作做到极致，他们朴实的劳动事迹生动诠释了工匠精神。

这些工匠们来自五湖四海，有着不同的工作岗位，但他们都有着共同点，那就是爱岗敬业、争创一流、艰苦奋斗、勇于创新、淡泊名利、甘于奉献。他们技艺精湛，有人能够在百米高空仅靠一根保险绳就双手检修带电特高压线路、仅凭电流声就能听出电线的耗损程度；有人能在牛皮纸一样薄的钢板上焊接而不出现一丝漏点；有人能把密封精度控制在头发丝的五十分之一；还有人能在厚度只有0.6毫米的银片上錾出细致的纺织纹理。他们所以能够匠心筑梦，凭的是对岗位的热爱和刻苦钻研，靠的是十几年如一日的沉淀与磨砺。

在七十多年前的首届全国战斗英雄代表会议和全国工农兵劳动模范代表会议上，毛泽东同志称赞英雄模范是“全中华民族的模范人物，是推动各方面人民事业胜利前进的骨干，是人民政府的可靠支柱和人民政府联系广大群众的桥梁”。在2020年的全国劳动模范和先进工作者表彰大会上，习近平总书记盛赞“劳动模范是民族的精英、人民的楷模，是共和国的功臣”。这七十多年里，各行各业涌现出无数劳动模范，他们为共和国的建设和发展立下了汗马功劳。张秉贵、王进喜、邓稼先、袁隆平、屠呦呦、钟南山、巨晓林、徐振超……这些劳动模范们以高度的爱岗敬业精神和强烈的社会责任感，在各行各业拼搏进取，为祖国的发展作出了突出贡献。

案例启示

尊重劳动模范，弘扬劳模精神

社会主义是干出来的，幸福是奋斗出来的。在中国共产党领导人民革命、建设和改革的各个时期里，各行各业涌现出了众多劳动模范，他们爱岗敬业、艰苦奋斗、积极创新、谋求发展，与祖国共同成长。2022年3月，“年度大国工匠”评选结果正式公布，一共有十位来自国防军工、装备制造、建筑、通信、传统工艺等多个行业的技术顶尖人物获此殊荣，他们同纪录片《大国工匠》里的那些劳动模范一样，都是在各自的领域深耕多年，是劳模精神、劳动精神、工匠精神的优秀传承者和生动诠释者。当前我国正处于两个一百年的交汇期，国内外环境正在发生复杂深刻的变化，面临着多样化的挑战和问题。中华民族的伟大复兴之路，需要奋斗、需要实干、需要劳动创造，需要尊重劳动模范，弘扬劳模精神。

第四节 中国特色社会主义新时代的精神

发展中国特色社会主义，是改革开放以来我们党全部理论和实践的主题。党的十八大以来，以习近平同志为核心的党中央统筹推进“五位一体”总体布局、协调推进“四个全面”战略布局，党和国家事业取得历史性成就、发生历史性变革。党的十九大报告中指出：“经过长期努力，中国特色社会主义进入了新时代，这是我国发展新的历史方位。”这意味着近代以来久经磨难的中华民族迎来了从站起来、富起来到强起来的伟大飞跃，迎来了实现中华民族伟大复兴的光明前景。2021年，脱贫攻坚战取得全面胜利，全面建成小康社会如期实现，全面建设社会主义现代化国家新征程成功开启，中华民族比历史上任何时期都更加接近实现伟大复兴的宏伟目标。

在中国特色社会主义新时代，锻造形成了一系列伟大精神，包括脱贫攻坚精神、抗疫精神、“三牛”精神、科学家精神、企业家精神、探月精神、新时代北斗精神、北京冬奥精神等。当下的一系列优秀文艺作品以这些伟大精神为主题，形式多样，内容丰富，洋溢着生动的时代气息。电视剧《山海情》讲述了宁夏西海固在一系列政策扶持下，人民艰苦奋斗、不懈探索，把“干沙滩”变成“新沙滩”的脱贫故事，展现了熠熠生辉的扶贫攻坚精神；话剧《今夜星辰》取材于唯一一位以烈士身份被授予“两弹一星”勋章的科学家郭永怀和其妻子李佩的故事，表现了科学家伉俪的爱国情怀和科学家精神；小说《大漠航天人》讲述了中国最早的东风航天城创业、建设和改革的历程，再现了早期航天人为了信仰和祖国，扎根荒漠的精神风貌；电影《穿过寒冬拥抱你》以疫情下普通人之间的守望相助，刻画了平凡人身上不平凡的抗疫精神；报告文学《冰雪中国》生动记录了新中国成立以来，数代冰雪运动员的奋斗与梦想，生动展现了他们所共同具有的“胸怀大局、自信开放、迎难而上、追求卓越、共创未来”的北京冬奥精神。

案例　报告文学《十八洞村的十八个故事》[①]

十八洞村，是一个深处云贵高原东部的湘西村落，保持着中国传统村落的特征。2013年以前，这里只是一个普通的、掩盖在深山里的贫穷村落。2013年11月3日，习近平总书记到十八洞村考察，在这里首次提出了“精准扶贫”的重要思想，从而拉开在中华大地上精准脱贫的序幕，无数人从此逐渐摆脱贫困，过上了小康的生活。2017年2月，十八洞村成功脱贫，成为湖南省第一批成功摘帽的贫困村之一，和中国其他地区的贫困村落一起发生了翻天覆地的变化。在2019年的初冬时节，作家李迪来到了十八洞村，翻山越岭，走访调查，与村民们同吃同住，或帮着村民吆喝卖菜，或陪着他们种菜聊天，遇见谁有兴致了就和他们聊聊天、采访脱贫故事，久而久之，村民们都说这个从北京来的老师没有什么派头，都愿意和他打交道。在脱贫攻坚的决胜之年——2020年，李迪整理了大量采访素材后

① 参见路英勇《〈十八洞村的十八个故事〉：温暖明亮　情深意长》，《人民日报》2021年8月21日。

创作的报告文学《十八洞村的十八个故事》正式出版，真情讲述了十八洞村村民们的脱贫故事。

在《十八洞村的十八个故事》中，用十八个章节讲述了十八个故事，每个故事里都是十八洞村村民真实的脱贫历程，富有浓厚的生活气息。故事采用第一人称讲述，能够迅速将读者带入采访的意境之中，聆听村民们在脱贫攻坚之路上的心声。《头上剃字的人》讲述了在后脑上剃了“十八洞”三个字的村民杨超文脱贫致富的经历。开头一段就是杨超文的话：“李老师，我没有故事。但是，我特别想跟你说说话，讲讲我这一生是怎么走过来的……你愿意听我讲，还说我讲什么你都愿意听，这让我心里有说不出的高兴。”《金兰蜜》中讲述了酒鬼龙先兰的脱贫致富故事。他幼年丧父、母亲改嫁、妹妹离家出走，自感生活无望，整日酗酒，吃了上顿没下顿。扶贫队长龙秀林在过年时把他“捡”回家，像亲弟弟一样对待他，鼓励他重新燃起对生活的希望，先后多次帮他创业，从卖鱼到养蜂，最后选择了适合龙先兰沉稳性格的养蜂之路。在生活稍有起色时，扶贫队长又帮助他盖房子，和隔壁村的吴满金结婚，最终建成了“金兰蜜”蜂场。在《就是悬崖我也要跳》中，主人公英足为了能够让其他的兄弟姐妹读书，自己14岁就辍学打工，在外面历经苦难，学会了养猪的好本领，又放弃高薪毅然回家乡创业。自己一个人睡在山上的养殖场里，克服重重困难，终于把养猪事业做大做强。

十八洞村的乡村旅游事业，是村民们脱贫致富的重要支柱性产业。《让我在山上把泪哭干》一章讲述了一位龙大妈的故事。梨子寨的龙大妈，一下子遇到三件大事，使她的家庭遭受重大打击。辛苦养的羊一夜之间全部生病死亡，丈夫生病期间昂贵的医药费和儿子考上大学后的学费生活费重重压在她的肩上，使她不得不卖掉家里所有的耕牛，农忙时节只能背着沉重的铁牛犁地。面对生活的重担，她在山坡上把眼泪哭干后依旧辛苦劳作，“风里。雨里。泥里。水里。我不知道日子是怎么熬过来的”。

习近平总书记在十八洞村考察时表示，虽然这里种粮食困难，但是这里景色秀美，可以发展旅游业。自此，十八洞村的旅游建设正式拉开帷幕，修建了公路，来此旅游的人越来越多，龙大妈开起了“农家乐”，日子也越过越好了。

在全国脱贫攻坚总结表彰大会上，习近平总书记指出，脱贫攻坚伟大斗争，锻造形成了“上下同心、尽锐出战、精准务实、开拓创新、攻坚克难、不负人民”的脱贫攻坚精神。《十八洞村的十八个故事》集中讲述了十八洞村脱贫致富的感人故事，生动诠释了脱贫攻坚精神的具体内涵。在党和政府的大力支持下，十八洞村的村民们为了脱贫致富，不畏艰险，不怕吃苦，敢于创新，“修路、农网改造、机耕道建设……没有土地，采用‘飞地模式’到外乡租地种植猕猴桃；成立苗绣合作社，发展传统产业；开发红色旅游……”十八洞村人均年收入从2013年的1668元增长到2019年的14668元，村集体收入突破了100万元。

案例启示

脱贫攻坚是彪炳史册的伟大奇迹

2021年2月25日，习近平总书记在全国脱贫攻坚总结表彰大会上庄严宣告，经过全党全国各族人民共同努力，在迎来中国共产党成立一百周年的重要时刻，我国脱贫攻坚战取得了全面胜利，现行标准下 9899 万农村贫困人口全部脱贫，832 个贫困县全部摘帽，12.8 万个贫困村全部出列，区域性整体贫困得到解决，完成了消除绝对贫困的艰巨任务，创造了又一个彪炳史册的人间奇迹！《十八洞村的十八个故事》讲述的不仅是十八洞村脱贫故事，它更是全国其他贫困地区脱离贫困奔小康的缩影。在十八洞村，习近平总书记首次提出了“精准扶贫”的重要思想。在这一思想的指导下，中央出台了农村造福工程、医疗救助项目、困难学生资助、整村推进、农村小额贷、“雨露计划”等一系列针对不同贫困区域环境、不同贫困农户状况的对口扶贫政策，无数人走遍千山万水，把青春和生命奉献给了扶贫事业，攻克了一个又一个扶贫难关，使得政策优势真正惠及人民群众。

小 结

文艺是时代前进的号角，红色经典生动讲述了有关共产党人精神谱系的故事，形象展现了中国共产党带领人民奋斗历程中形成的伟大精神。本章按照新民主主义革命时期、社会主义革命和建设时期、改革开放和社会主义现代化建设新时期、中国特色社会主义新时代四个历史时期的划分，在每个阶段选取一个案例具体阐述红色经典中所体现的伟大精神。

除了本章中所展示的吕梁精神、北大荒精神、劳模精神和脱贫攻坚精神外，在大量的红色经典中，还体现了更多的红色精神，需要我们认真去读去悟。话剧《井冈山的道路》不仅讲述了革命根据地的故事，同时也表现了“坚定信念、艰苦奋斗、实事求是、敢闯新路、依靠群众、勇于胜利”的井冈山精神；小说《焦裕禄》不仅是焦裕禄人生历程的记录，更是“亲民爱民、艰苦奋斗、科学求实、迎难而上、无私奉献”的焦裕禄精神的生动写照；电影《夺冠》不仅是中国女排几十年冠军之路的艺术再现，同样展现了女排姑娘们祖国至上、团结协作、顽强拼搏、永不言败的精神风貌。

红色岁月永不褪色，红色精神代代相传。百年峥嵘岁月，中国共产党人创造的红色精神已经深刻融入中华民族的血液之中，是中国人民不断拼搏进取、实现中华民族伟大复兴的不竭动力。

结　语
读红色经典　传承红色基因

红色血脉生生不息，红色基因代代相传。红色经典是赓续红色血脉、传承红色基因的重要载体，本书从读党的故事、读根据地的故事、读英雄和烈士的故事、读理想信念、读初心使命、读伟大精神六个角度阐述了主题——红色经典这样读。

对于红色经典的内涵，从不同的角度出发能够产生多样化的理解。本书对于红色经典的定义，放宽了时间和内容界限，涵盖了新民主主义革命时期、社会主义革命和建设时期、改革开放和社会主义现代化建设新时期以及中国特色社会主义新时代四个历史阶段的文化艺术作品，既包括20世纪五六十年代的原著文本，也包括近些年的多媒介改编解读。这些作品中既有对革命战争的史诗性再现，也有对群众日常生活的点滴刻画；既有对英雄先烈的缅怀歌颂，也有对历史洪流中普通人生死历程的记录；既有以纸质媒介承载的小说、绘画、报告文学，也有以视听体验为主的电视剧、电影、舞台剧。红色经典主要有两大效用，一是书写革命历史，这是红色经典非常突出且重要的作用。红色经典具有鲜明的时代背景，其背后实实在在的是中国共产党团结各族人民走过的奋斗历程，是一片片红色的土地，是一个个英勇奉献的英雄。二是彰显信仰精神。红色是中国共产党、中国人民最鲜亮的底色，红色经典承载了共产党人的理想信念，彰显了党的初心使命，蕴含着丰厚的精神力量。因此，阅读红色经典，就是要读党的故事、读根据地的故事、读英雄和烈士的故事、读理想信念、读初心使命、读伟大精神，这六个方面是阅读红色经典的题中之义，构成了本书正文六章的章节主题。针对这六个方面，每章中选取具体个案，详细阐述如何阅读领悟红色经典。

习近平总书记高度重视党史学习，多次强调“历史是最好的教科书”。第一章“读党的故事”主要阐述了如何在红色经典的丰富内容中了解和体悟党的奋斗历程和伟大成就、党的光荣传统和优良作风、党的历史经验和实践创造。对于党的奋斗历程和伟大成就，选取《红星照耀中国》和《那年那兔那些事儿》这两个案例进行论述。以《红星照耀中国》为例，这本书的写作背景是长征刚结束不久，国民党对中国共产党实施着严密的新闻封锁，外界对中国共产党的认识任由国民党编造。作者斯诺不顾危险，冲破国民党的一道道封锁线，来到了延安，与毛泽东、周恩来等共产党领袖直接对话，在搜集了丰富的材料后写下了这部经典作品。从这本书中不仅可以了解国民党在“围剿”中迫害无辜百姓的恶行和红军长征的艰难历程，更能够跨越时间领略共产党领导下的延安根据地的生活图景。对于党的光荣传统和优良作风，选取动画片《鸡毛信》和《星火燎原》这两个案例详细阐释理论联系实际、密切联系群众、批评和自我批评的作风。对于党的历史经验和实践创造，选取讲述知识分子成长为共产主义战士的《青春之歌》和表现抗美援朝战争的电影《上甘岭》两个案例，以小见大，以小人物的成长之路和宏大的战争纪实讲述中国共产党的历史经验。

党的十八大以来，习近平总书记多次前往革命圣地、红色旧址和革命历史纪念场所考察、参观。第二章“读根据地的故事”主要通过阅读红色经典，走进这些地方，领略这些土地上波澜壮阔的故事。我国有五个革命圣地，第一节中选择了《保卫延安》和《长征记》，讲述发生在延安和遵义的故事。其中，《保卫延安》记录了发生在革命圣地延安的延安保卫战，这场战役持续数月，中国共产党领导的西北野战军以少胜多，打败了人数、装备都占据优势的国民党军队，保卫了延安和党中央。我国的红色旧址众多，第二节的案例选取了油画《西柏坡中共中央旧址》和歌曲《八角楼的灯光》，分别讲述了发生在中共中央旧址和茅坪八角楼革命旧址群的故事。其中，《西柏坡中共中央旧址》描绘了西柏坡的秋景，说明其作为中共中央进驻北京前的最后一个农村指挥所，“农家院里砸碎旧世界，小山村里迎来新中国”的重要意义。革命历史纪念场所是传播红色文化、弘扬红色精神、培育社会主义核心价值观的重要窗口。第三节选取以“红船”为主题的系列美术作品和电影《红色娘子军》，分别展现了南湖革命纪念馆和红色娘子军纪念园所承载的历史故事和精神力量。

在中国共产党的百年奋斗历程中，涌现出无数的英雄烈士。红色经典中塑造了许多经典的英雄形象，阅读红色经典，不仅能够学习英烈的故事，更能从他们的事迹中感受英雄情怀和伟大精神，进一步提升、淬炼自身的道德品格。第三章从“学习英烈的事迹”“重温英雄情怀”“锤炼道德品质”三个方面讲述如何从红色经典中“读英雄和烈士的故事”。在第一节的案例中，《铁道游击队》塑造了敢于反抗、不畏艰险、爱党爱国、善于“扒火车”的英雄群体——铁道游击队；《洋铁桶的故事》讲述了在沁源围困战中有勇有谋、将生死置之度外的吴贵（绰号“洋铁桶”）组织抗日游击队，积极与伪军、日寇展开斗争的故事。在第二节的案例中，小说《红岩》描绘了共产党人在狱中的艰苦斗争，深刻展示了共产党人视死如归的英雄情怀；《林海雪原》塑造了以杨子荣为代表的众多革命英雄形象，充满革命浪漫主义情怀。在第三节的案例中，通过对画作《刑场上的婚礼》和小说《欧阳海之歌》的介绍，让我们深刻感受到革命烈士的伟大品格，启示我们要把革命英烈的道德品质融于日常生活，在新时代继续弘扬英烈精神。

理想信念是中国共产党人的精神支柱和政治灵魂，阅读红色经典既是深入了解理想信念的过程，也是增强理想信念的有效途径。第四章论述了如何从红色经典中“读理想信念”。在第一节“对马克思主义理论真理性和价值性的坚信”中，选取了电影《焦裕禄》和话剧《霓虹灯下的哨兵》两个案例。县委书记的榜样焦裕禄是一位坚定的马克思主义思想拥护者，他深刻落实群众路线，坚持从群众中来到群众中去，为国为民鞠躬尽瘁，临去世前依然记挂着兰考县未完成的治沙事业，至今仍激励着无数奋战在一线的共产党人；话剧《霓虹灯下的哨兵》讲述了“南京路上好八连”的故事，他们在灯红酒绿的大上海中，面对各种诱惑，坚定信仰，“拒腐蚀，永不沾”。第二节“对共产主义远大理想的向往追求”中，选取小说《浴血罗霄》和《野火春风斗古城》两个案例，讲述在极其艰苦的革命时期，无论是红军战士还是地下工作的同志，为了共产主义理想，抛头颅、洒热血，不畏艰险、敢于拼搏，最终取得了一次又一次的胜利。在第三节“对中国特色社会主义的坚定信念”中，选取小说《创业史》和《新星》两个案例，分别从农业合作化的实践和改革开放初期的县城改革实践出发，生动诠释了坚持发展中国特色社会主义的必要性。

红色经典扎根中国共产党领导人民奋斗的生动实

践，深刻体现了党的初心使命。第五章从“为中国人民谋幸福”“为中华民族谋复兴”和“为全人类谋福祉”三个方面论述了如何从红色经典中探寻党的初心使命。第一节的案例选取了歌剧《白毛女》和周立波的两部小说“从《暴风骤雨》到《山乡巨变》”两个案例，讲述中国共产党无论在任何时候，都以人民利益为先，努力为人民谋幸福。《白毛女》生动诠释了“旧社会把人变成鬼，新社会把鬼变成人”的主题；《暴风骤雨》和《山乡巨变》表现了中国共产党对土地问题的重视，始终关切农民的切身利益和实际保障。第二节选取了音乐剧《闪闪的红星》和小说《红日》两个案例，分别从不同的视角展现“为中华民族谋复兴”这一主题。《闪闪的红星》以生动活泼的舞台艺术展现了潘冬子的艰苦历程和斗争生活，使得广大儿童观众能够理解中国共产党人的初心使命。《红日》以宏大叙事讲述了解放战争中的涟水、莱芜、孟良崮三次著名战役。这三次战役助力了解放战争的胜利，而解放战争的胜利则从根本上推翻了帝国主义、封建主义和官僚资本主义在中国的统治，中国人民获得了解放。第三节“为全人类谋福祉”选取了报告文学《谁是最可爱的人》和绘画作品《周恩来在万隆会议上》两个案例，分别通过抗美援朝战争和万隆会议这两个历史事件，表现中国在为全人类谋福祉中所作的努力与贡献。

中国共产党在长期的奋斗历程中，构建了共产党人精神谱系。阅读红色经典不仅可以深入了解这些精神，更能够透过文字、视听、舞台等语言理解伟大精神诞生的历史逻辑。第六章按照时间顺序，探寻红色经典中展现的在不同历史背景下所孕育的伟大精神。第一节“新民主主义革命时期的精神”选取小说《吕梁英雄传》作为案例，展现了艰苦奋斗、顾全大局、自强不息、勇于创新的吕梁精神。第二节“社会主义革命和建设时期的精神”选取小说《雁飞塞北》作为案例，描绘了北大荒拓荒人的集体风貌。第三节“改革开放和社会主义现代化建设新时期的精神”选取纪录片《大国工匠》作为案例，它真实记录了在平凡的岗位上作出不平凡业绩的工匠们，生动呈现了爱岗敬业、争创一流、艰苦奋斗、勇于创新、淡泊名利、甘于奉献的劳模精神（工匠精神）。第四节“中国特色社会主义新时代的精神”选取报告文学《十八洞村的十八个故事》作为案例，讲述了十八洞村村民们的真实脱贫故事，是“上下同心、尽锐出战、精准务实、开拓创新、攻坚克难、不负人民”的脱贫攻坚精神的生动写照。

习近平总书记指出：“共和国是红色的，不能淡化这个颜色。”“红色资源是我们党艰辛而辉煌奋斗历程的见证，是最宝贵的精神财富。”“红色血脉是中国共产党政治本色的集中体现，是新时代中国共产党人的精神力量源泉。”红色经典是一种特殊的历史文化资源，既是历史的，也是当下的，兼具着文学艺术价值和思想教育功能，担负着铸信仰、塑灵魂的重大责任。我们要在阅读红色经典中深入了解党史，学习英烈品格，领悟初心使命和伟大精神，不断赓续红色血脉，传承红色基因。

后 记

本书是为深入挖掘红色经典的思想教育功能、探索红色经典的多重内涵、助力红色基因传承而编写的。全书围绕六大主题，选取不同时期、不同主题、不同形式的红色经典作品作为案例，并分析总结其特色内涵和创新之处。

本书是集体创作的成果。编写者主要为山西大学新闻学院师生。庞慧敏教授和常媛媛老师总体设计了全书框架，组织了案例收集、初稿创作工作，并对全书进行了修改；研究生孙悦参与了案例搜集和写作工作。本书的出版得到山西教育出版社的支持，责任编辑为本书的修改校对付出了大量劳动。在《红色经典这样读》即将出版之际，再一次感谢编写团队的辛勤付出。

在编写过程中，编写组通过多种渠道查阅了大量有关红色经典的理论成果和公开报道，以期能够更加科学、客观地描述有关红色经典的历史脉络和现实意义。由于水平有限，疏漏不足之处在所难免，悉心恳请各位专家、读者批评指正。

红色经典记录着党的光辉历史、承载着红色革命传统。我们期望能够通过本书的出版，引导人们在阅读红色经典的过程中深入了解党史，学习英烈品格，领悟初心使命和伟大精神，不断赓续红色血脉，传承红色基因。